がん経験者のための
就活ブック

サバイバーズ・ハローワーク

NPO法人HOPEプロジェクト ＋
一般社団法人CSRプロジェクト【編】

合同出版

読者のみなさまへ

「求職中ですが、面接で病気のことをどう言えばよいのでしょうか？」

私たちはがん経験者の就労に関して、電話相談やサバイバーシップ・ラウンジなどを通じて、多くの働く世代のがん経験者やその家族の声を聞いてきました。その数は500人以上に及びます。

「病気のことを言うと採用してくれない」

「体力が落ちて、仕事を続けることが難しい」

「副作用や後遺症でいまの仕事は無理」

「治療のための休みが取れる会社を探している」

など、どうやって再スタートをきればよいのかわからないサバイバーの悩みをたくさん聞きます。

そんな悩みを解決するため、この本では、履歴書の書き方から面接の受け方、病気の伝え方など、就職活動（就活）に必要なノウハウを、具体的に、ビジュアルに、わかりやすくまとめました。「がん」という病名を言うか、言わないか、で足をとめる前にやるべき事柄はたくさんあります。ゴールまでの道のりを、この本を参考に考えていただければ幸いです。

また、がん経験者の就職を支援する会社を経営している私は、「御社で採用してほしい」という連絡をメールや手紙などでいただく機会も多くあります。就労を支援する側、採用する側。この２つの立場を通じ痛感したことがあります。それは、みなさんのなかに「社会人としての基本ルール」を身につけていない方がとても多いということ。「もったいない！」と感じる場面によく遭遇します。

例えば、いまやメールは就活の第一歩ですが、応募のメールに差出人の名前や件名がなかったり、本文に連絡先もなく、「よろしく」の一言だけだっ

たことがあります。添付ファイルを開けてみると、まったく関係のない添付がついていたこともありました。就職は人生の大きな転換点。そんな大切なメールを送るのであれば、不備がないか送信前にもう一度確認するのは社会人としての常識なのに、「なんてもったいないんだーっ！」……わかっていても、やってしまうことは私もあります。だからこそ、この本では念には念を入れています。

「通院のため、月1～2回の休みはほしい。年収は勤務時代と同程度800万円以上を希望、職種は問いません（50歳　男性）」履歴書や職務経歴書にこんな文面があり、自分の置かれている状況を理解できているのかな？　と思わずため息が出てしまうこともあります。「本当に必要な年収はどのぐらいなのでしょうか？」歩く速さを変えたいまだからこそ、しっかりと自分の働き方、現実と未来、新しいあなたの日常を見つけてほしいなぁと思っています。

いま挙げたケースは、すでに社会人経験のある転職者の例ですが、同様のことは、小児・ＡＹＡ世代（Adolescence and Young Adult：思春期・若年成人）のがん経験者からも感じることがあります。始業時間になっても何の連絡もない……。職場は何かあったのではないかと心配をしてそわそわ。やっと連絡がとれたと思ったら「うっかり忘れてました！」。同じような出来事が二度、三度と続くこともありました。あらかじめ電話があるのとないのとで、こんなにも職場の雰囲気は変わるんだ……と、管理職の立場として「ホウレンソウ（報告・連絡・相談）」の大切さを痛感しました。

そんな経験を踏まえ、この本では、「もったいない！」ことが起きないよう、まずは就職の「スタートラインに立ってほしい」という思いをしつこいぐらいたくさん込めています。

　病気は、これまで考えてきた人生設計を狂わす一大事件、誰もが焦る気持ちになるでしょう。「もう一度働きたい」、「社会とつながりたい」、そう思ったあなたの意思や仕事への想いを、私たちは全力で応援したいのです。

　「働くって何だろう」からあなた自身を見直し、就活の「きほん」の「き」をふり返りながら、がんという経験を活かして社会で生きていくための具体的な術を身につけてください。

　あきらめずに、まずはスタートラインに立つこと。あなたの想いを社会へつなげるお手伝いができれば、幸いです。

執筆者を代表して

NPO法人HOPEプロジェクト理事長
一般社団法人CSRプロジェクト代表理事

桜井なおみ

もくじ

読者のみなさまへ―― 2

第1章　働くまで

1　「なぜ働くのか」を改めて考える―― 8
2　病気のオキドコロはどこですか？―― 10
3　自分の「強み」を見つけよう―― 12
4　企業が求める社会人の基礎力―― 14
5　自分に見合った仕事とは？―― 16
6　働き方の違いって？―― 18
7　就活のタイミング―― 22
8　障害者手帳を取得して働く―― 24
9　がん経験者向けの求人システム―― 26

第2章　就活をはじめよう

1　現在の就活事情を確認してみよう―― 30
2　履歴書を書いてみよう―― 32
3　職務経歴書を書いてみよう―― 38
先輩たちのハローワーク　病気の経験を「プラスになる材料」として伝えよう！―― 42
4　ハローワークを利用してみよう―― 43
5　就活サイトを活用してみよう―― 48
先輩たちのハローワーク　応募してから、自分の条件に合っているかを判断する―― 49
先輩たちのハローワーク　働く場所＝「自分の居場所」を求めて……―― 50
先輩たちのハローワーク　「わかりやすく、具体的に」を心がけて！―― 51

第3章　就活テクニック

1　就活スタイル、ここをチェック！―― 54
先輩たちのハローワーク　「この会社で何をやりたいか」を、きちんと伝えられるように……―― 58
2　どうする？　スケジュール管理―― 59
3　カバンに入れておくもの―― 61
4　言葉遣いに気をつけよう―― 62
5　面接テクニック―― 67
6　採用する側は既往歴をどう見ているの？―― 73
■面接想定問答集―― 75
7　内定をもらったら―― 80

第4章　AYA世代の就活

1　「働くこと」って何だろう？ ——— 84
先輩たちのハローワーク 話すべきか、話さないべきか……面接を重ねたからこそ出た答えとは？ ——— 86
先輩たちのハローワーク 病気の経験があっても「できること」をアピールする ——— 89
2　健康管理は大切です！ ——— 90
先輩たちのハローワーク 何かあったときのための自己管理を！ ——— 92
3　スタートするのはいつから？ ——— 93
4　就職課（キャリアセンター）を使おう ——— 96
5　インターンシップ制度を活用しよう ——— 99
6　晩期合併症とともに働く ——— 102
7　保護者だからこそ、できること ——— 107
先輩たちのハローワーク 親だけで抱え込まず、助けを求めて！ ——— 112

第5章　働きはじめたら

1　職場でのコミュニケーション ——— 114
2　上司とのコミュニケーションがポイント！ ——— 117
先輩たちのハローワーク 自分自身と向き合うことで乗り越えていく！
　　　　　　　　　　　～上司との関わりのなかで～ ——— 120
3　具体的にお願いする・そして感謝する ——— 121
4　社内で活用できる部署・制度（人事・産業保健スタッフなど） ——— 125
先輩たちのハローワーク 産業医という「第三者の目線」 ——— 127

あとがき ——— 128
特別寄稿 ——— 130
就職支援モデル事業実施ハローワーク一覧 ——— 132
相談先一覧 ——— 133
編者紹介 ——— 134
執筆者紹介 ——— 135

第 1 章

働くまで

　がんを経験し、自分の人生を見つめ直すきっかけができました。そのなかに「働く」というキーワードが浮かび上がってきました。でも、どこからスタートすればよいのでしょうか。「がんになっても働きたい！」まずは、その想いを整理してみましょう。

1 「なぜ働くのか」を改めて考える

なぜ働くのでしょうか？

　「働」という字は、ニンベン（人）にウゴク（動）と書きます。つまり、「人のために動く・人が動く」という意味があります。では、がんを経験したあなたはなぜ、再び働くことを考えたのでしょうか？　生活のため、生き甲斐のため、治療を続けるため、社会の役に立ちたいため……。100人いれば、100通りの働き方があると言われるように、人はそれぞれの目的のために働いています。

　がんを経験してから、あなたにとって「働く」という目的に変化はありましたか？

　まずは、「私はがんになってもなぜ働きたいのか？」と、あなた自身に問いかけてみることからスタートしてみましょう。

自分の「いま」を見つめる

　「働く目的」がぼんやり見えてきたら、その目的を達成するために「どう働きたいか？」を考えてみましょう。ポイントは3つです。

　①こなせる体力はあるか？
　②見合う能力はあるか？
　③年収はどの程度必要か？

　それぞれについて、あなたの「いま」を書き出してみましょう。

　自分の持つ能力と、企業が求めている能力とにずれはありませんか？

　就職相談を受けていると、なかには、「以前と同じ年収が当然もらえるのでは……」と期待したり、自分の能力を過大評価している方がいます。「な

ぜその年収なのですか？」と聞くと、「前の職場ではこうだったから」と返ってきます。

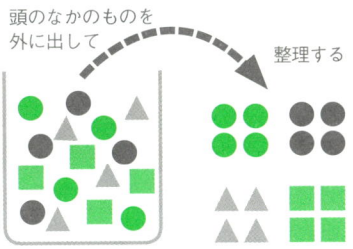
●頭のなかを整理する

いまのあなたの状況はどうですか？　以前のままですか？　どんなに優秀な人でも仕事が変われば、同じ年収をもらうことはできなくなる可能性もあります。いまのあなたを客観的に評価したうえで、これからの作戦を立ててみましょう。

・・・業界の採用状況を考える

転職の場合、「この仕事に就きたい！」と思っても、能力や経験などが相手の希望に合わなければ、採用までたどり着くことは難しいのが現状です。雇用は経済状況に左右されますから、その業界の雇用市場が氷河期なのか？それとも、売り手市場なのか？　その業界がどの程度の景況感があるのかも頭にいれて戦略を考えます。

希望の職種や業界で働くことを目指すのも大切ですが、あなたがどこまで妥協できるのかも含めて現実的な「働き方」を考えてみましょう。

●働き方の考え方

何か1つでもよいので、コツを身につけましょう!!

2　病気のオキドコロはどこですか？

••• ライフラインチャートを書いてみましょう

　ライフラインチャートは、横軸に時間、縦軸を自分の満足度にして、生まれてから現在までの変化を振り返るグラフです。描き方は簡単です。

> ① A3判など少し大きめの紙を用意します。紙の中央に横軸を書き、左端を0歳、右端を現在とします。
> ②生まれてからいままでの、あなたの人生のなかでよくも悪くも印象的な出来事、関わった人を思い出してみましょう。旅行に行ったことでもいいですし、受験に失敗したことでもかまいません。あなたの記憶に残ることを挙げてみましょう。
> ③出来事の概略とともに、そのときのあなたの気持ち（満足度・幸福度）を、高い低いで表し、点を打ってみましょう。
> ④打った点をフリーハンドの曲線でむすんでいきます。
> ⑤できあがったライフラインチャートをもとに、自分のこれまでを振り返ります。

••• 自分の「あしあと」を確かめよう

　こうしてできあがったグラフは、あなたの人生のよかったことや悪かったこと、その後の人生に大きなインパクトを与えた事件や人などを振り返ることができます。

● ライフラインチャート記入例

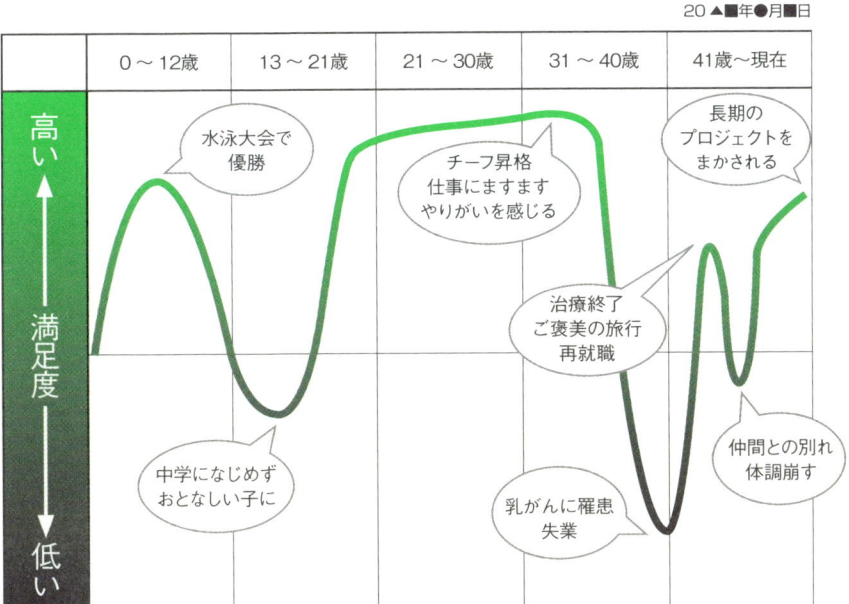

「がん経験」のオキドコロはどこですか？

　あなたの人生のなかには、嬉しかったことも、悲しかったことも、いろいろあったはずです。それはどのようなことでしたか？　落ち込んだ気持ちが少し上向いたとき、あなたに影響を与えたのは、どのような人や出来事、考え方でしたか？

　そうした1つひとつのことを振り返ることで、あなたががんという経験を人生のどこに置くのかが見えてきます。自分を語るうえで欠かせない出来事として積極的に公にしていきたいという人もいるでしょうし、忘れたいという人もいるでしょう。

　あなたの人生のなかで、がん経験をどう捉えるかによって、「仕事」や「働き方」に対する考えも少し変わるかもしれません。

3 自分の「強み」を見つけよう

••• あなたの強みは何ですか？

　あなたのよいところはどこですか？　嫌いなこと、苦手なことは何ですか？

　周囲の人の長所や短所は見つけられても、自分のことは意外に見えないものです。あなたが「臆病」「仕事が遅い」と感じている自分の短所も、周囲の人からは「慎重」「仕事が丁寧」と評価され、「信頼」につながっているかもしれません。

　自分の強みを探すときは、視点を変えてみましょう。

●言葉の変換表

ネガティブをポジティブに言い換えてみよう！（⇒p38参照）

私の長所 （ポジティブなところ）	私の短所 （ネガティブなところ）	ネガティブをポジティブに 言い換えると？
（例）積極的な性格	（例）あきっぽい、そこつ	（例）好奇心旺盛、おちゃめ
根気がある	仕事に時間がかかる	正確、粘り強い

弱みを強みに変換する伝え方

　例えば「私は乳がんの治療中です」とだけ伝えたとき、相手の人は、あなたにどのような印象を持つでしょうか？　逆にもし、あなたが相手からこう言われたらどう感じますか？　「大変そうだな」とか「大丈夫かな」と、仕事をするうえではマイナスなイメージを持ちませんか？　マイナスな出来事をそのまま伝えても、マイナスなイメージにしかなりません。

　でも、あなたが病気をしてから気がついたことはありませんか？　「私はがんを経験し、改めて働くことの喜びや意味を見つけることができました」「私はがんの治療を通してたくさんの人に支えられ、人の優しさに気づきました。不安や弱い人の気持ちに寄り添う介護ができると思います」など、病名を明かすのであれば、そんなプラスの言葉を添えると受け取る相手の印象は少し変わってきます。

　弱みであっても伝え方次第では強みになり得るのです。

自分の「働きたい気持ち」を説明してみる

　面接はあなたを表現する場です。

　「なぜ、この仕事に就きたいのか？」「なぜ、この会社で働きたいのか？」を説明する言葉をあらかじめ用意しておきましょう。「新しい仕事に挑戦したい」「幅広い社会人経験を活かして」「これまでの業務経験を活かして」など、あなたを表現する言葉はさまざまあります。

　大切なことは、あなたが会社に対して、①自分はどんな能力があり、②何ができて、③どのように貢献できるかを、きちんと伝えることです。鏡に自分を映しながらでもいいですし、お風呂のなかで練習をしてもいいでしょう。あなたのよいところを見つけて、相手に伝わる表現を身につけてください。

4　企業が求める社会人の基礎力

••• 社会に出たらみんな社会人

　大学生の就活では、「社会人基礎力」が重視されています。すでに社会で働いた経験のあるあなたは、「社会人基礎力」を仕事を通じてなんとなく身につけてきたのではないでしょうか？　それはあなたの強みです。

●社会人基礎力とは

「社会人基礎力」とは、「前に踏み出す力」、「考え抜く力」、「チームで働く力」の3つの能力（12の能力要素）から構成されており、「職場や地域社会で多様な人々と仕事をしていくために必要な基礎的な力」として、経済産業省が2006年から提唱しています。企業や若者を取り巻く環境変化により、「社会人基礎力」がいままで以上に重要となってきています。
（参考：経済産業省ホームページ）

3つの能力と12の能力要素

前に踏み出す力（アクション）

1歩前に踏み出し、失敗しても粘り強く取り組む力

主体性	物事に進んで取り組む力
働きかけ力	他人に働きかけ巻き込む力
実行力	目的を設定し確実に行動する力

考え抜く力（シンキング）

疑問を持ち、考え抜く力

課題発見力	現状を分析し目的や課題を明らかにする力
計画力	課題の解決に向けたプロセスを明らかにし準備する力
創造力	新しい価値を生み出す力

チームで働く力（チームワーク）

多様な人々とともに、目標に向けて協力する力

発信力	自分の意見をわかりやすく伝える力
傾聴力	相手の意見を丁寧に聞く力
柔軟性	意見の違いや立場の違いを理解する力
状況把握力	自分と周囲の人々や物事との関連性を理解する力
規律性	社会のルールや人との約束を守る力
ストレスコントロール力	ストレスの発生源に対応する力

社会（企業）で求められている力

＊「基礎学力」「専門知識」に加え、いま、それらをうまく活用し、「多様な人々とともに仕事を行なっていくうえで必要な基礎的な能力＝社会人基礎力」が求められている。

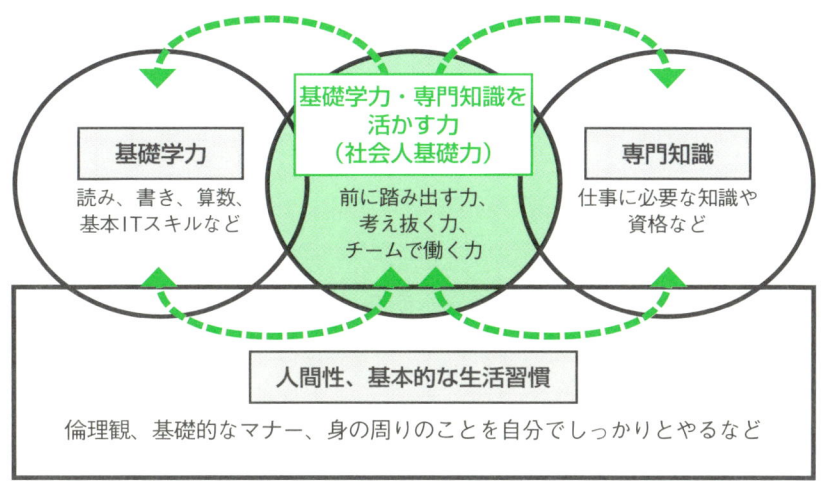

●●● 社会人力＝患者力かもしれません

「ホウレンソウ」という言葉は知っていますか？　「ホウ」は報告、「レン」は連絡、「ソウ」は相談です。

仕事は、相手と連絡をとり、仕事の内容を聞き出し、仕事の優先順位や工程を考え、上司や同僚に相談をしながら取り組みます。治療もまったく同じです。医師を通じて自分の身体の情報を知り、配慮事項や治療のプロセスを確認し、自分の生活と重ね合わせていく。困りごとは医師や家族と相談をしながら多くの人の力を借りて解決する。

治療というもう１つの仕事が増えたのは大変なことですが、治療の経験は、仕事をするうえであなたの「力」となるはずです。

患者として培った「力」を、仕事でも活かしていきましょう。

5　自分に見合った仕事とは？

••• 身体の声を聞く

　治療の後、あなたの身体は働くうえでどのような配慮が必要になっていますか？

　例えば、長い時間の立ち仕事が難しい、座ったままの作業が難しい、ほこりっぽい環境は難しい、声を出す仕事は難しいなどです。

　あなたの体力に見合った仕事を探すために、つぎのことを考えましょう。

- どのような仕事の形態がよいのか？（労働負荷）
- 週に何回、1日何時間なら働けるか？　収入は見合ったものか？
- 出勤時間や退社時間、時短制度やフレックス制度は必要か？　また、配慮が必要な期間はどのくらい続くのか？

••• あなたの「好きなこと」と「強み」を見極めよう

　再就職に際しては、これまでの社会人経験やスキルを活かしたいと考える人と、新しく技術の取得をしていままでとは違う仕事がしたいと考える人とに分かれます。

　どの道を選ぶにしても正解はありません。あなたが選んだ仕事は、あなたの力が発揮できる環境ですか？　社会経験は活かせますか？　あなたの「強み」になっていますか？　その答えはあなたの心のなかにあるはずです。

••• キャリア・アンカーという考え方

　キャリア・アンカーという考え方は、アメリカの心理学者エドガー・シャインによって提唱された概念です。キャリア・アンカーとは、あなたが自分

のキャリアを選択するときに、もっとも大切にし続けたい価値観や欲求、動機、能力のことで、一度形成されると変化しにくく、周囲の環境が変化してもあなたのなかでは変わらないものとされています。つまり、あなたの働くうえでの「信条」のようなものです。

長く仕事を続けるためには、あなた自身の「信条」や「考え方の傾向」を客観的に知っておくことが大切です。それによって周囲とのコミュニケーションがうまくいく理由や、うまくいかない理由がわかってくることもあります。

インターネットなどに無料の診断ツールがありますから、試しに挑戦してみてください。あなたを知る手段の1つになります。

あなたの「強み」や「望み」はどこにあてはまりますか？

- **管理能力** 組織のなかで責任ある役割を担うこと。
- **技術的・機能的能力** 自分の専門性や技術が高まること。
- **安全性** 安定的に1つの組織に属すること。
- **創造性** クリエイティブに新しいことを生み出すこと。
- **自律と独立** 自分で独立すること。
- **奉仕・社会献身** 社会をよくしたり他人に奉仕したりすること。
- **純粋な挑戦** 解決困難な問題に挑戦すること。
- **ワーク・ライフ・バランス** 個人的な欲求と、家族、仕事、治療などとのバランス調整をすること。

6　働き方の違いって？

　自分に見合った仕事を探すうえで、どのような働き方を選ぶかはとても重要です。自分がどのくらい働けるのか、そしてその場合はどのような雇用形態で働くのが適切なのかを考えておく必要があります。

・・・ 雇用形態の違いを確認しておこう

　雇用形態には、①正社員②契約社員③パートタイマー・アルバイト④派遣社員などの種類があります。また、雇用されない働き方として⑤個人事業主になるという方法もあります。いわゆる「非正規雇用」と呼ばれるのが②③④です。

　正社員は、一般的に1日8時間、週5日のフルタイムで勤務します。場合によっては残業や異動もあり、企業に拘束される度合いが高いといえます。その見返りとして、社会保険（健康保険・厚生年金保険）をはじめとした福利厚生などの保障が手厚く、高い賃金水準となります。また、雇用期間の定めがないので、原則として定年まで働くことができます。

　これに対して契約社員とパートタイマー・アルバイトは、多くの場合、事前に雇用される期間が定められています。正社員に比べて時間的な自由度が高いケースが多い反面、雇用は不安定で賃金も低く抑えられています。

　派遣社員は、①～③とは、契約方法が明確に区別されます。①～③の場合は、企業と本人との間で契約を取り交わし、企業からの指揮命令によって働きます。一方、派遣社員は、派遣元企業と本人が雇用契約を取り交わしたうえで、派遣元企業と派遣先企業とが派遣契約を取り交わし、派遣先の指揮命令によって本人が働く、という三角関係となります。つまり、働くことに関する契約（雇用契約）は派遣元と結び、実際の仕事の指揮命令は働く先（派

●一般の雇用関係と派遣の雇用関係

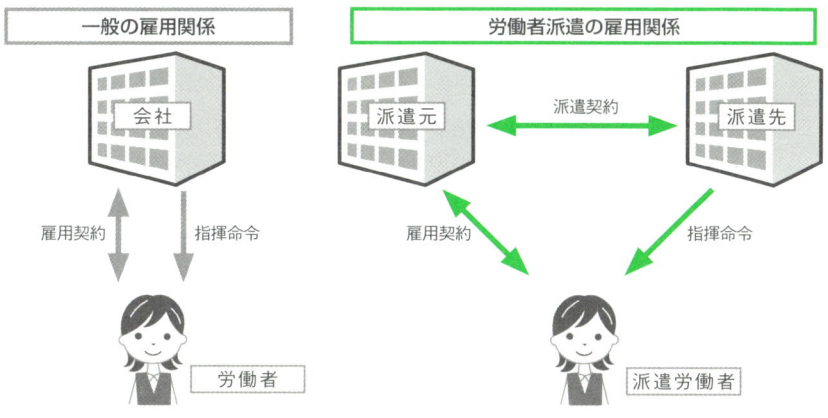

遣先）から受けることになります。雇用する企業と、実際に指揮命令を行なう企業が異なるということが、派遣という働き方の一番の特徴です。

最後に⑤の個人事業主ですが、これは誰かに雇用されるのではなく、自分が「事業主」になるという働き方です。業務委託・請負という形で注文主から注文を受け、仕事の完成（結果）に対して報酬を得ます。仕事をした時間に対して報酬が得られる①～④に比べ、⑤はあくまでも完成した仕事に対して報酬を得ることから、時間的な制約は一切ありません。

しかし、病気などで仕事ができなくなった際の公的な所得保障制度も一切ないため、すべて自分自身で備えておかなければなりません。

••• 社会保険制度や福利厚生も意識しよう

働き方を考える場合、社会保険制度や社内制度・福利厚生についても意識しておきましょう。

社会保険制度のうち、労災保険は、勤務時間や雇用期間にかかわらず①～④の全員が対象となります。雇用保険については、短時間・短期間の勤務の場合は加入できません。[注1] また、健康保険・厚生年金は、サラリーマン（正

社員）を対象につくられた制度であるため、①は原則加入ですが、②〜④の場合、勤務時間や雇用期間が短い場合、加入できない場合があります。注2)
⑤の場合は、国民健康保険・国民年金に自分で加入する必要があります。

　社内制度とは、会社独自で定めたさまざまな制度を言います（私傷病による病気休職の制度や、年次有給休暇以外の休暇制度など）。多くの場合、①と②・③では別に定めがあります。④の場合の社内制度は、派遣元企業のものになります。

　福利厚生とは、企業が労働者やその家族の健康や生活の福祉を向上させるために行なうことを総称したものです。多くの場合、正社員を主たる対象としてつくられています。

　企業によっては、福利厚生の一部を②〜④の方に認めている場合があります（例えば、医務室の貸し出し、産業医などの活用、インフルエンザの予防接種など）が、⑤は当然ながら、対象外となります。

●雇用形態により異なる社会保険制度・福利厚生

制　度 ＼ 雇用形態	①正社員	②契約社員	③パート・アルバイト	④派遣社員	⑤個人事業主
労災保険	◎	◎	◎	◎	×
雇用保険	◎	△ 注1)	△ 注1)	△ 注1)	×
健康保険・厚生年金	◎	△ 注2)	△ 注2)	△ 注2)	× 自分で国民健康保険 国民年金
社内制度	◎	◎	◎	◎ 派遣元	×
福利厚生	◎	〇	△	〇	×

◎……対象となる　　〇……一部対象となる　　△……条件によっては対象外

注1）1週間の所定労働時間が20時間未満又は、31日以上雇用される見込みがない場合
注2）正社員の所定労働時間に対しておおむね4分の3未満の場合加入できません。ただし、2016年10月からは501人以上の企業で働く場合は、この基準より適用が拡大されます。

●●● 治療後の働き方を考えるうえでのポイント

　治療や経過観察が必要な場合、定期的に会社を休まなくてはならないこともあります。その頻度によっては、時間の融通がきくということを仕事選びの優先事項として考える必要も出てきます。

①自分の現在の体力や状況

②収入はいくら必要なのか

③今後の将来に向けたキャリアプラン

　この３点を総合的に考えながら、どのような雇用形態で働くのがベストか考えてみましょう。そのうえで、求人情報を見る際には、給与だけでなく、雇用形態・社会保険の加入の有無・社内制度・福利厚生などをきちんと確認していくことが大切です。

「派遣」という働き方

　「派遣」という働き方が日本でスタートしたのは、1985年の「労働者派遣法」の成立にさかのぼります。当初は、専門的なスキルが必要な業務限定ではじまりました。しかし、1999年に原則自由化（一部業務例外禁止）されたことで身近な働き方の１つとして定着してきました。

　しかし、「派遣元」「派遣先」という二重関係にある派遣労働者という立場は、労働条件や労働環境といった面で困難に出会うことも多いのが現実でした。そうした困難を改善するために行なわれてきた度重なる労働者派遣法の「改正」も、必ずしも、派遣労働者の働きやすさの改善につながっていないように思います。

　派遣という働き方を選択する場合、そのメリット・デメリットを理解したうえで、自分の労働条件をしっかりと確認していきましょう。

7　就活のタイミング

●●●「働きたい」という気持ちが大切

　経済的な理由や将来への不安感、職場に迷惑をかけた……など、さまざまな気持ちから「早く働かなきゃ！」「挽回しなきゃ！」と焦る気持ちになることがあります。しかし、仕事にベストな状態で取り組むためには、あなた自身の気持ちが安定していることが大切です。「働かなくちゃ！」という気持ちよりは、「働きたい！」という気持ちに変化してきたときが、働きはじめるタイミングだと、私たちは考えています。

　また、焦りとは裏腹に「働き過ぎると身体によくないのではないか？」と心配に思う方もいるでしょう。そんな気持ちのときは、自分の心配ごとをノートなどに1つずつ書き出して、解決方法を考えましょう。その解決方法こそ、あなたの就労上の配慮事項になるのです。

　まずは、何が心配なのか？　なぜ気になるのか？　などをあなたの心に問いかけてみてください。何よりも大切なのは、いま、そこにあるあなたの気持ちです。

●●●年齢的な制約はあるの？

　正社員としての中途採用や転職は、35歳未満でないと難しいというのが現状ではあります。35歳以上となれば企業において重要なポジションに就いている年齢ですから、雇用後の周囲の社員との年齢バランスなどを考慮して若い人を採用したいと考える職場もあります。

　ときとして、これまで積み重ねてきた資格やキャリアが、あなたの意向とは関係なく、新しいキャリア形成を邪魔してしまうこともあります。「なぜ、

あなたのようなキャリア（資格）を持った人がこの仕事を選んだのですか？」「これまでのキャリアを活かそうとは考えないのですか？」などと面接で聞かれたという人もいます。

　しかしだからといって「就職は無理だ」とあきらめる必要はまったくありません。たとえ35歳以上でも、能力が十分発揮できるなど働き方に納得できるのであれば、同業他社や新しい分野の企業に挑戦してみるのも1つの手です。

　あなたという人は1人しかいません。あなたを必要とする場所はかならずあります。納得と妥協のバランスをとりながら、人生を考えていきましょう。

●●● 企業が募集する時期

　企業が採用活動を行なう時期は、業界・雇用形態によってまったく異なりますから、企業のホームページやハローワークの求人情報などを常にチェックしておくようにしましょう。

　採用時期は、繁忙期と閑散期、業界の景気動向などに左右されることがありますので、求人動向には常にアンテナをはっておくことが大切です（⇒p93参照）。

　インターネット上の就職情報サイトやメールマガジンなどに登録しておくことも、アンテナの1つになります。

8 障害者手帳を取得して働く

●●● 障害者雇用とは？

　「障害者雇用」という言葉を聞いたことがありますか？

　いま、日本の一般企業には、2％（50人に1人）以上の割合で障害者を雇用する義務が課せられています（国、地方公共団体などは2.3％、都道府県の教育委員会は、2.2％）。これを「法定雇用率」と呼びます。法定雇用率に満たない場合、企業は足りない人数分の納付金を納めなくてはいけません。法定雇用率を満たしたい企業は、障害者の雇用に積極的で、採用も一般の応募とは別枠で設けています。

　昔は「納付金を納めればすむ」と障害者雇用に積極的でなかった企業も、最近はコンプライアンス（法令遵守）やCSR（企業の社会的責任）、ダイバーシティ（多様性）の尊重といった価値観が広がったことで、障害者雇用に積極的になってきています。さらに、障害者雇用を専門とする民間の求人紹介会社やサイトも出てきています。

　この障害者雇用の制度によって、がん患者に限らず、障害のある人の就職の可能性が開かれたといえるでしょう。

●●● 障害者手帳

　障害者雇用の対象者は、障害者手帳（「身体障害者手帳」「精神障害者保健福祉手帳」「療育手帳」などの手帳）を持っている人です。病院での診断名によって決まるわけではありません。障害者手帳を取得できるのは、大腸がんや膀胱がんにより人工肛門や人工膀胱を造設した場合、骨肉腫により人工骨頭や人工関節の置換をした場合などが代表的なものです。

手帳を取得できるかどうか確認したい際は、住んでいる市区町村の福祉担当の部署に問い合わせてみてください。手続きをして障害者手帳を持つことで、障害者雇用枠での応募ができるだけでなく、公共料金・公共交通機関の割引や、携帯や通信料の割引などが受けられる場合があります。

●●●「障害者雇用」枠を利用する／しないを決めるのはあなたです

　障害者手帳を取得したとしても、それを使って「障害者枠」で応募するもしないもあなたの自由です。取得していても、一般枠で応募し、採用されている方もたくさんいます。

　障害者枠雇用は売り手市場ですが、それはつまり、「障害を持っている」ということを企業に公表して働くことを意味します。障害に対して、配慮をもらえる一方で、企業によっては任せてもらえる仕事の範囲が一般枠とは異なる場合もあります。応募に際しては、メリットとデメリットをよく考えてみましょう。

9　がん経験者向けの求人システム

　がん経験者だけを対象にした求人システムは残念ながらありませんが、地域の実情に応じたさまざまな情報チャンネルがありますので、最大限に活用することをおすすめします。

・・・ ハローワークで探す

　仕事を探すうえで欠かせないのがハローワーク（公共職業安定所）です。2014年度で全国544カ所に設置されています（本所436カ所、出張所95カ所、分室13室）。

　ハローワークのことを、「失業したり、生活に苦しい人が行くところ」と思う方もいるようですが、決してそんなことはありません。求人情報はもちろんのこと、就職に向けた自己啓発講座や職業訓練など能力開発に関する情報や機会も手に入れることができます。いろいろな事情を抱えながらも、「働きたい」という意欲を持っている人が集う場所と考え、前向きに活用しましょう（⇒p43参照）。

・・・ ハローワークでは何をしたらいいのでしょう？

　まずは受付で「求職者登録をしたい」と伝え、求職申込書に必要事項を記入します。求職申込書に記入する内容は、あなたの連絡先や希望職種、年収、学歴などに関する事項ですから、あらかじめ履歴書を持参するとよいでしょう。登録がすんだら、パソコンを使っての求人情報検索や、相談員との面談ができるようになります。あなたが希望する最新の求人動向なども調べることができます。

　「ハローワークでがん治療中だと言ったら、治療に専念しなさいと言われ

た」という相談を受けることがあります。相談員に「がん」だと言うときは、病名だけではなく、あなたの希望やできること、通院頻度など現在の治療の状況についてもしっかり伝えましょう。現在は働ける状況にあることをきちんと伝えておけば、相談員は、あなたが社会で活躍することを応援してくれるはずです。

> ハローワークの就職支援モデル事業

がん経験者の就労支援に関する新しい取り組みとして、2013年度から、がん診療連携拠点病院とハローワークが連携して、仕事を紹介したり相談にのったりする試みがスタートしました（がん患者など長期療養者に対する就職支援モデル事業）。少しずつですが広がってきているので、地元のハローワークに問い合わせてみてください（⇒p132参照）。

●●● 人材派遣会社や就職情報サイトで探す

　人材派遣会社に登録をするという方法があります。派遣会社ごとに得意な業界がありますので、ゼロから探すよりは効率的な面もあります。自分の希望する職種が多い人材派遣会社に登録してみましょう。登録は自由ですので、同時に複数社に登録することも可能です。

　インターネットの就職情報サイトも活用しましょう（⇒p52参照）。申し込みは簡単。あなたの情報や働き方の希望などを入力するだけです。メールマガジンなどで定期的に採用情報が送られてきますから、チャンスだと思ったら思いきって連絡をとりましょう。

就職情報サイトは複数あります。大手企業の採用情報が多い傾向にはありますが、専門職だけの情報サイトなどもありますので、幅広く登録をしてみましょう（⇒p52参照）。

•••縁故もたよってみる

　縁故は大切な求人情報になります。知人や前の会社の同僚などに、自分が仕事を探しているということを伝えておくのも1つの手です。

　人を探している企業との出会いはどこにあるかわかりません。まずは自分のアンテナを広く張って情報を収集してみましょう。これまでの出会いを思い出し、掘り起こして、自分をアピールしてみましょう。企業側もゼロから探すよりは、素性を知っている信頼できる人からの紹介はありがたいものです。

　どのチャンネルも、登録をしたからといってすぐに採用が決まるということはありません。あきらめずに探してみましょう。

忘れていませんか？　社会人のイロハ

　患者さんからメールで仕事の相談を受けることがありますが、連絡先の記載がなかったり、ビジネスシーンにはふさわしくない文字列のメールアドレスを使用している場合がよくあります。

　採用について企業に電話などで連絡をする。書類を送る。そこから採用試験はスタートしているということを決して忘れないでください。新卒の大学生ならば、「できなくて当たり前」と多少甘く見てくれるかもしれません。でも、社会人経験のある人ならば、「できて当然のこと」と思われています。スタートラインへの立ち方には注意をしましょう。

第2章 就活をはじめよう

　がんの経験を通して自分と向き合い、「なぜ働くのか」と改めて考えたことで、心も身体も「つぎの一歩」に踏み出す準備が整ってきたようです。がんを経験したからこそ見えてきた「気づき」を大切にしながら、就活をはじめてみましょう。

1　現在の就活事情を確認してみよう

　いま、仕事を探しているあなたは、久しぶりの就活でしょうか？　現在の就活事情は、この10年くらいで大きく変わっています。まずは現在の就活事情を確認していくことからはじめましょう。

••• 大企業と中小企業、どちらが自分に合っている？

　就活をはじめようとする患者さんから、「やはり大企業の方が働きやすいのですか？」と質問を受けることがあります。いろいろな企業を見たり、患者さんの話を聞いたりしていると、働きやすさは企業規模だけで決まるものではなく、その会社の業種や企業風土、制度、職種、そしてあなたの気持ちなどいろいろな要素によって決まるものではないでしょうか。

　ただし、「企業規模」ということだけで比較すると、一般的には、大企業の方が社内制度は充実しているといえるかもしれません。例えば、私傷病休職制度、積立休暇（時効消滅した有給休暇を積み立てて病気などで利用できる）、復職支援プログラムなどを備えている企業が多いようです。しかし、中小企業では、制度がなくても経営者や上司の配慮によって、休職や短時間勤務など柔軟に対応しているところもあります。

　それぞれにメリット・デメリットがあります。自分に合った働き方ができる会社、自分の強みが活かせる会社という観点で選ぶことが大切です。

••• まずは、応募書類の準備から！

◆現在の就活の流れ

　企業は、募集 → 応募書類提出 → 書類選考 → 面接 → 内定 → 入社、このような流れで採用を決定しています。

求人に応募する際、かならず必要になるものが「応募書類」です。通常、応募書類とは、以下の３点セットのことをいいます。

> **応募書類３点セット　①履歴書　②職務経歴書　③添え状**

以前は、「職務経歴書」を提出することはあまりなかったかもしれませんが、現在は、この３点をセットで提出することが一般的です。添え状は、履歴書などに添付するあいさつ状です。郵送の場合はかならず同封しましょう。

応募書類の目的は、ひと言で言うと、面接の機会を得ることです。多くの企業では、採用は書類選考と面接で決まります。ですから、まず書類選考を通過しなければ、面接の機会を得ることはできません。

「強み」を伝える履歴書・職務経歴書

採用担当者は、履歴書や職務経歴書を読んで、その人物が企業の求めている人材とマッチしているかを見極めていきます。年齢なども考慮の対象かもしれませんが、まずは履歴書を見て人物像をイメージし、さらにくわしく知りたいと思った人のみ職務経歴書を読むという採用担当者が多いようです。そして、「会ってみよう」と思った応募者だけを、面接へ進めます。

履歴書・職務経歴書をつくるのは大変な作業ですが、これから働く企業にあなたのことを伝えるとても大切な書類です。単に学歴や職歴、資格を並べただけではだめで、採用担当者にあなたの人となりが伝わらなければ、せっかくつくったとしても意味がありません。まず仕事への意欲やスキルなどあなたの「強み」を伝えていきましょう。

いままでどういう姿勢で仕事に取り組み、その結果何を身につけたか、どんな成果をあげたかなどを、丁寧に時間をかけて綴っていくことで、まだ会ったことのない採用担当者にあなたがどんな人かを伝えることができます。

2　履歴書を書いてみよう

　治療を経験してから就活をする際の悩みとして、「病気のことをどう伝えるか」ということがあります。その答えを見つけるためにも、まずは実際に履歴書を書いてみましょう。

••• 企業が履歴書で知りたいこととは？

　履歴書の読み手である採用担当者は、何が知りたいのでしょうか。1つ言えるのは、「もっとも知りたいことは、あなたが病気であるかどうかではない」ということです。

　採用担当者は、あなたが書いた履歴書の内容と書き方から、「仕事への意欲はあるか」「適性はあるか」「戦力になる経験をしているか」などを読み取り、会社が求める人材かどうかを判断するのです。

　まず「相手の知りたいこと、興味のあることを書く」、それが履歴書のルールです。1枚の履歴書にあなたの仕事への思い、積み重ねてきた経験、これからやっていきたいことを綴ってください。

••• 病気によるブランクと既往歴はどう見られるの？

　「病気による療養」という理由は、正直に書くことで、残念ながらマイナスイメージを与えてしまう可能性があります。書類の段階では、できるかぎりマイナスイメージを与えないことが大切だと考えると、「一身上の都合による退職」としておき、面接で直接伝えるというのも1つの方法です。

　また、企業は半年程度のブランクであれば、さほど問題にしません。しかしブランクが半年以上あると、「どんな理由があるのだろう？」「仕事の感覚が鈍っているのではないか？」などと気にします。もし、書類に「治療中」

などの記載が必要な場合は、かならず「現在は回復し、主治医より業務に支障がない旨診断を受けている」ということを書き添えるようにしましょう。

　企業は、既往歴の有無よりも、現状として業務に支障があるか、あるいは、企業として配慮が必要かという点を気にしています。既往歴の記載がない履歴書を使用することも、1つの方法です。

　病気の経験を含めたあなた自身の人間性を企業にアピールして、採用に結びつけていくことが大切です。

●●● 証明写真はあなたの分身

　写真は強いインパクトを与えるため、最初に採用担当者の目に留まるともいえます。履歴書に貼られた写真は、あなたの分身となるわけですから、しっかり準備をしたうえで、写真館で撮影したものを使用しましょう。

　写真館なら、カメラマンが髪型や姿勢などもアドバイスしてくれます。デジタルカメラ撮影なら、数ショットからお気に入りのものを選べます。プレミアム仕上げといって肌色や質感を調整してくれるサービスを行なっているところもあるので、利用してみるとよいでしょう。

- 人相が悪く見えてしまう
- 企業に対しても、気軽な応募という印象を与えてしまう
- 顔色が悪く見えるので治療中の人は要注意！

もし抗がん剤で脱毛していたら……

　企業には「いまのあなた」を見てもらうわけですから、変な違和感を与えないためにもウィッグをつけた写真でまったく問題ありません。治療前の写真を使用すると、「新しく撮るのが面倒だったのか」と誤解を招く場合もありますので、注意しましょう。

••• 印象のよい写真を撮るためのポイント

　履歴書は、あなたと応募先企業との最初の出会いの瞬間です。「あまり気に入っていないけど、ま、いっか」ではなく、お気に入りの1枚を選んで、自信を持って就活に臨みましょう。

◆ポイント1　服装

　男女ともにビジネス仕様。男性はスーツ（色はダーク系が望ましい）にネクタイ着用。女性もジャケットを着用。ジャケットの色は濃い目、インナーは白（その他淡い色）にすると、コントラストがはっきりして引き締まった印象となります。

◆ポイント2　髪型

　茶髪はNG。前髪が目にかからないように。女性で髪が長い場合は、1つにまとめる、もしくは、サイドの髪をとめましょう。

◆ポイント3　メイク

　同じ人物でもメイクの有無で清潔感や第一印象が変わります。ノーメイクはNGですが、濃すぎてもよくありません。費用はかかりますがメイクつきの証明写真もあるので、メイクが苦手な人は試してみましょう。

◆ポイント4　表情

　目は心もち見開き気味。「瞳で笑う」感じで、にらんだ印象にならないようにしましょう。歯を見せないように口角を上げます。口だけで上げようとすると難しいので、頬も意識します。鏡を見て練習しておくとよいでしょう。

◆ポイント5　写真の背景

　性別・年齢にかかわらず、ブルー（濃いブルーではなく薄めのもの）がおすすめです。明るい印象になり、表情も引き立ちます。

メイクのコツ

●副作用で顔色が悪い

「肌がくすむ」「疲れて見える」「肌が乾燥したり敏感になったりする」などの問題には、普段からスキンケアやこまめな保湿が重要です。

・目の下のクマには、目元用コンシーラー
・肌のくすみには、色つき化粧下地（コントロールカラー）
・頬紅（チークカラー）、艶のある色の口紅やリップグロスを使うことで、明るく元気な印象に

＊くすみを「隠そう」として塗りすぎるのは禁物！

●眉毛・まつ毛の脱毛

脱毛により眉毛を描くときは、眉頭を左右対称に描くことがポイントです。描くのが苦手な人は「眉テンプレート」を使うと、うまくバランスがとれます。描くときには化粧持ちのよい眉墨（アイブロー）を使いましょう。眉墨には、リキッド、パウダー、ペンシルの3種類がありますので、好みや状態に応じて使い分けてみてください。眉用のコーティング剤で仕上げると、落ちにくくなります。
まつ毛が抜けた場合は、濃い色のアイラインを入れるだけでも目ぢからが出ます。
つけまつ毛もさまざまなタイプが出ていますので試してみるのもよいでしょう。ただし、肌が敏感になっているので使用には気をつけてください。
眼鏡をかけるなども1つの手ですね。

●爪の変色

爪が黒ずむなどの変色は、マニキュアでカバーするのもよいでしょう。

　順番　　ベースコート→マニキュア→トップコート

凹凸のある爪の表面をなめらかに整えるベースコートもあります。
男性の方でも、気になる場合はベージュのマニキュア（つやのないもの）を塗ってみると、自然な色合いに見えてよいでしょう。

●履歴書の書き方見本

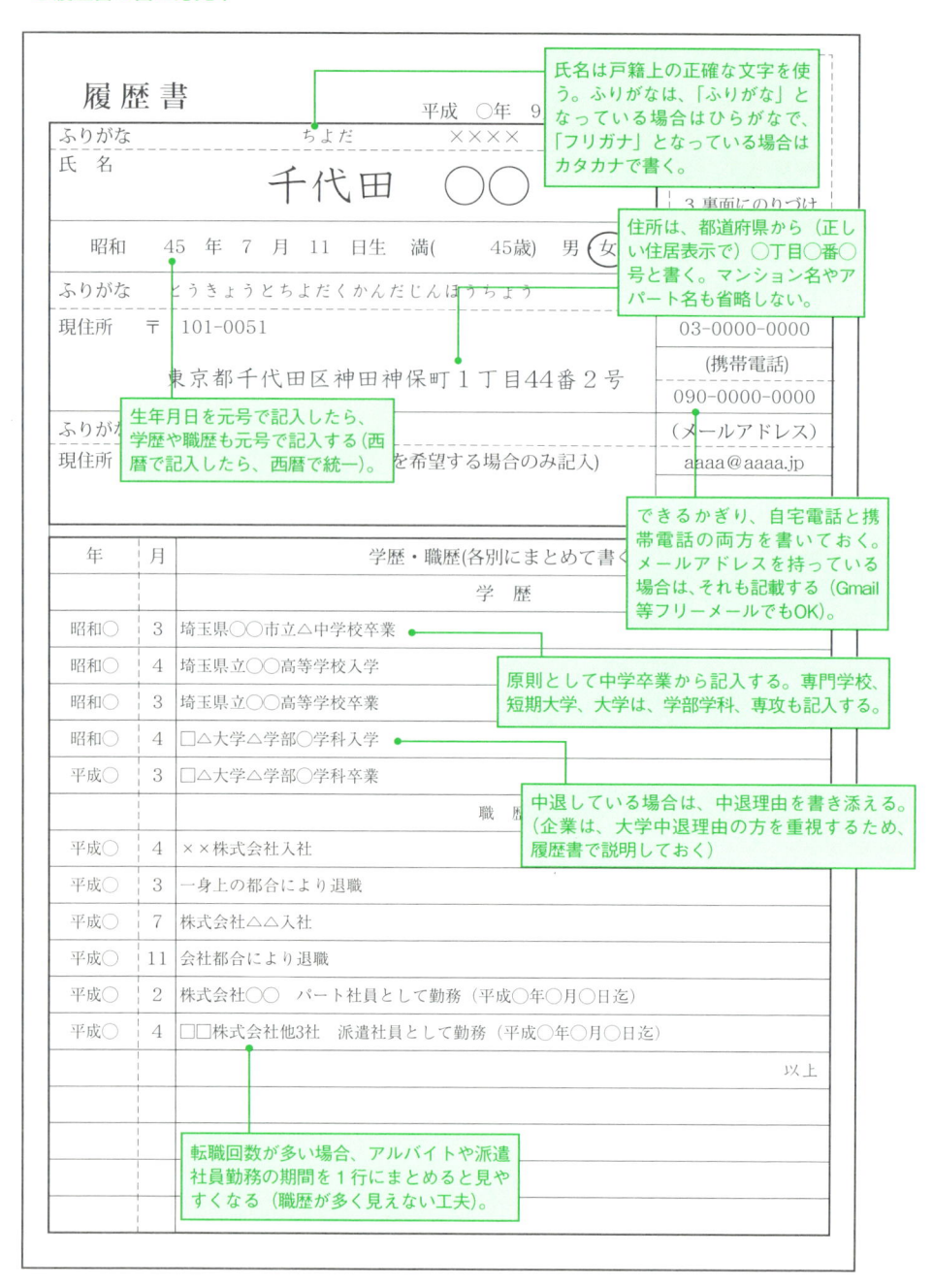

履歴書

平成 ○年 9

ふりがな	ちよだ	××××
氏 名	千代田 ○○	

氏名は戸籍上の正確な文字を使う。ふりがなは、「ふりがな」となっている場合はひらがなで、「フリガナ」となっている場合はカタカナで書く。

3. 裏面にのりづけ

昭和 45 年 7 月 11 日生 満(45歳) 男 女

住所は、都道府県から（正しい住居表示で）○丁目○番○号と書く。マンション名やアパート名も省略しない。

ふりがな	とうきょうとちよだくかんだじんぼうちょう	
現住所	〒 101-0051 東京都千代田区神田神保町1丁目44番2号	03-0000-0000 （携帯電話）090-0000-0000 （メールアドレス）aaaa@aaaa.jp

生年月日を元号で記入したら、学歴や職歴も元号で記入する(西暦で記入したら、西暦で統一)。

ふりがな		
現住所	（を希望する場合のみ記入）	

できるかぎり、自宅電話と携帯電話の両方を書いておく。メールアドレスを持っている場合は、それも記載する（Gmail等フリーメールでもOK）。

年	月	学歴・職歴（各別にまとめて書く）
		学 歴
昭和○	3	埼玉県○○市立△中学校卒業
昭和○	4	埼玉県立○○高等学校入学
昭和○	3	埼玉県立○○高等学校卒業
昭和○	4	□△大学△学部○学科入学
平成○	3	□△大学△学部○学科卒業
		職 歴
平成○	4	××株式会社入社
平成○	3	一身上の都合により退職
平成○	7	株式会社△△入社
平成○	11	会社都合により退職
平成○	2	株式会社○○ パート社員として勤務（平成○年○月○日迄）
平成○	4	□□株式会社他3社 派遣社員として勤務（平成○年○月○日迄）
		以上

原則として中学卒業から記入する。専門学校、短期大学、大学は、学部学科、専攻も記入する。

中退している場合は、中退理由を書き添える。（企業は、大学中退理由の方を重視するため、履歴書で説明しておく）

転職回数が多い場合、アルバイトや派遣社員勤務の期間を1行にまとめると見やすくなる（職歴が多く見えない工夫）。

36

> 現在資格取得を目指し学習中のものを書くとアピールになる。

> 応募先の会社のニーズに合わせてアピールとなる資格を選んで書く。
> ブランク期間に取得したものは、かならず記載する。

第2章 就活をはじめよう

年	月	免 許・資 格
平成○	10	普通自動車第一種免許取得
平成○	2	日本商工会議所簿記検定3級合格
平成○	11	マイクロソフトオフィススペシャリストExcel2010取得
平成○	6	日本商工会議所簿記検定2級の合格を目指して現在学習中です。

> 資格の名称は、省略せずに正しく書く。

> 特別なことを書く必要はない。ただし、できるかぎり具体的に書く。「読書」や「映画」であれば、ジャンルや頻度、好きな作家や作品なども書こう。

扶養家族数　　　　配偶者

（配偶者を除く）　0人　　　有・(無)

> 人柄や特殊技能をアピールする項目。この項目のある履歴書を使う場合、空欄にせず、しっかりと書くことが大切。

特技・趣味

　趣味：読書。好きな作家は、○○○○。とくに歴史物が好きですが、話題になっている小説やビジネス書なども含め、月に4冊〜5冊読みます。
　特技：パソコン。Excelの関数を使っての集計やグラフの作成が得意です。前職で、ホームページの更新担当をしていたため、各種ソフトを使ってHP作成・更新ができます。

志望の動機

　前職では、従業員100名の企業で総務事務の責任者として、設備・備品管理、社内外イベント運営、福利厚生、企業法務等を行なってきました。総務事務は、社員の1人ひとりに働きやすい環境を提供することで、会社全体に貢献できる仕事だと思っております。経営陣、他部署の管理職、各社員とのコミュニケーションを大切にして、仕事を進めることを常に心がけてきました。
　私は、この仕事を通じて、貴社の発展に貢献していきたいと考えています。これまでの職務で培ってきた知識や経験を活かし、今後はより幅広い管理業務に携われるよう努力してまいります。

本人希望記入欄

> 志望動機は、「入社したらこんな仕事がしたい」「こんなことができます」ということを書く。
>
> ＜書き方のポイント＞
> ●中途採用の場合
> 「いままでこういう仕事をしてきました（過去の実績）。これからこの経験を活かしてこういう仕事をしたい（将来の展望）」を書く（志望動機例参照）。
>
> ●新卒・既卒等の場合
> 「なぜ、その仕事、その企業に興味を持ったのか」「入社して何がしたいか（どのように働きたいか）」を書く。

保護者(本人が未成年者の場合のみ記入)

ふりがな	住所 〒	市外局番（　　　）
氏　名		（　　　方呼出）

> 定期的な通院や、その他配慮事項について応募先に伝えておきたいことがある場合、応募書類に書くのではなく、面接で直接伝えるのも1つの方法。

3　職務経歴書を書いてみよう

　久しぶりに就活をされる方は、「昔はこんな書類はなかった」「どう書いたらいいの」と戸惑うかもしれません。しかし、「職務経歴書」は、現在の就活では不可欠の書類となっています。

•••　企業が職務経歴書で知りたいこととは？

　職務経歴書は、あなたが「いままでどんな企業で、どのような仕事に取り組み、どんな成果を出してきたか」という経験や実績をまとめたものです。採用担当者は、職務経歴書を読んで「会社が求める人材であるか」を判断します。したがって、あなたが働いている姿がイメージできるよう、より具体的で細かな職務経歴を知りたいのです。

•••　自己PRの書き方

　自己PRとは、いままでの経験から培った強み、仕事をするうえで心がけてきたことなど、あなたのアピールポイントをまとめたものです。つぎのステップで作成してみましょう。

◆ STEP 1　職務経歴を振り返る

　どこで、どんな仕事をしたか、だけではなく、実績や成果、その仕事をするうえでどんな工夫をしたか、印象に残っている出来事などを振り返ってみましょう。

◆ STEP 2　キーワードを決める

　自分の強みを表すキーワードを決めます。例えば、「粘り強さ」「正確さ」「コミュニケーション能力」「マネジメント能力」などです。あなたに合ったも

のを見つけましょう（⇒p12参照）。

◆ STEP 3　エピソード（事例）を挙げる

　STEP 2のキーワードを説明する具体的なエピソードを挙げてみましょう。エピソードも一緒に伝えることで、より説得力のある自己PRとなります。

◆ STEP 4　文章にする

　結論（強み）から書き、後から根拠（エピソード）をプラスします。さらに、その強みを活かしてどのように企業へ貢献できるのかも書けば、より魅力的な自己PRとなるでしょう。

文章を作成するときのポイントは

> 結論（強み）＋ 根拠（エピソード）＋ 会社への貢献

自分の体験をプラスに書こう

　いままでの体験から、自分がどのようなことを学んだのかというエピソードをぜひ書いてみましょう。どんな体験であっても、人生において無駄なものはありません。この機会に振り返ってみて、その体験がいまの自分にどんな影響を与えたのか、どんなことを学んだのかを考えてみましょう。

職務経歴書の形式

　つぎのような形式があります。自分に合うものを選びましょう。

●職務経歴書の形式

形式	特徴／適している人
年代式	・はじめての仕事から現在まで、年代を追って書く従来型の方式 ・職歴が短い人や転職歴が少ない人に適している
逆年代式	・現在から過去にさかのぼって記述する方式。即戦力をアピールするのに有効 ・最近の職務経験や能力を強調したい人に適している
キャリア式	・時系列にこだわることなく、それぞれの職務における経験と業績を強調した書き方。「何ができるのか」が鮮明に表せるのが特徴 ・転職歴が多い人や専門性の高い職歴を持った人に適している

●職務経歴書の実例（年代式・逆年代式）

> 履歴書は手書きがよいですが、職務経歴書はパソコンなどで作成しましょう。採用担当者が読みやすいだけでなく、パソコンが使えるというアピールになります。

職務経歴書

平成××年×月×日現在
氏名：○○　○○

> これまでの経歴を要約します。どのような業務を担当していたか、どんな貢献をしたか簡単に書き添えます。

■略歴

　高校卒業後、株式会社○○に新卒で入社し、営業事務として3年間勤めました。主な担当業務は、前線で活躍する営業チームのサポートです。営業社員が新規で契約を取った後の発注依頼については、私が一括して受けて対応をしていました。その後、○○商事株式会社、株式会社○○屋において、総務事務全般に通算8年従事しました。とくに社内における情報伝達の効率化を目指し、コスト削減と生産性の向上に貢献しました。

> いままでの職歴を通算して整理します。経験を合算することで、アピールにつながります。

■職務経歴

・営業事務　業務：通算×年
・一般事務　業務：通算×年
・経理事務　業務：通算×年

> 項目は、自分のアピールしやすいように変えてもOKです。ただし、担当業務だけでなく、実績（成果、得られた知識・スキル、貢献したことなど）はかならず記載しましょう。

◆記載例　表形式

会社名：株式会社○○　　　　平成　年　月～平成　年　月（　年　ヵ月在籍）

事業内容	会社の事業内容
雇用形態	正社員・アルバイト・パート・派遣社員など
職　　種	一般事務・経理事務・販売・営業など
業務内容	担当していた業務の内容
実　　績	職務のなかで学んだこと、得られた知識・技能、果たした役割、貢献したことなど

> 「仕事のなかでどのような使い方をしていたか」＋「使用可能な関数などスキルの詳細」を具体的に記載します。

■PCスキル

Word：社内向け文書の作成、顧客向けのお礼状の作成に使用
　　　（表の挿入、ワードアート・オートシェイプの挿入、目次作成、差込印刷など）
Excel：報告書用の各種集計、日報とりまとめ、週報作成など
　　　（グラフの作成、ピボットテーブル、VLOOKUP、2軸グラフ、別シートとのデータ共有など）
PowerPoint：株主総会資料、顧客向けのプレゼン資料、社内向け資料の作成に使用
　　　（既存資料修正、新規資料作成、アニメーション設定など）
弥生会計、その他

> 応募先企業によっては、PCスキル以外にもアピールした方がよいスキル（語学・法律・技術・介護経験や資格など）があります。その場合は、ぜひ記載しましょう。

■自己PR

　私の強みは、問題点を見つけ、解決していくことです。その際に、社内での意見調整、情報共有を大切にすることを心がけていました。

　これまで、備品・什器購入、経費精算など書式やフローがわかりづらく、総務への問い合わせが多いことが課題でした。前任者から引き継いだ際に、問題点を洗い出し、各部署の担当者の意見を収集することから開始しました。いろいろな意見が出てくると、当初の課題以外にも社員の要望があることがわかり、最終的にイントラネットを利用した業務環境の改善を行ないました。これにより、社内の業務が効率化され、情報共有もスムーズになったことで、各部署からの評判も大変よかったです。

　総務にとっての顧客とは社員であり、より仕事のしやすい環境をつくっていくことが自分の役割であると思っています。貴社でも、社員の意見に耳を傾け、企業の生産性アップに貢献できるよう努力してまいります。

第2章　就活をはじめよう

41

先輩たちのハローワーク

病気の経験を「プラスになる材料」として伝えよう！

男性（Ph+急性リンパ性白血病）／18歳／就活中
※性別（がんの種類）／診断時の年齢／職種

　私は18歳のとき、Ph+急性リンパ性白血病に罹患しました。大学入学直後のことです。その年度は休学して治療に専念し、次年度から復学しました。大学では商学部に在籍し、経済学や経営学などを学んでいました。小学生の頃からパソコンをいじることが好きだったので、当時は、IT企業での営業やSEなどの仕事に就きたいと思っていました。

　大学3年（22歳）の秋から他の学生と同じように就活を行なっていましたが、ある市役所で働くことに魅力を感じる機会があり、公務員試験を受けることを決意しました。大学4年次では合格できず卒業となりましたが、1年間勉強をつんでその次年度の採用試験でその市役所に合格することができました。

　その市役所を選んだのは「自分の経験を活かせる可能性が高く、行政の立場として医療や福祉に関わりたいと思ったから」ということに加え、「他都市よりも先進的な取り組みが多いから」です。大学時代に患者会の運営に携わっていたことや、ゼミナールでの勉強が志望理由に大きく影響していると思います。

　合格した市役所の試験では、受験前にエントリーシート（ES）を提出することになっていました。私は休学をしていることを含め、患者会での活動が志望理由やいままでの経験を話すうえで避けては通れないものとなっていましたので、正直に記入しました。2回ある面接の1回目に、ESを見たうえで現在の体調について聞かれました。現在は仕事に影響するような後遺症はないので、問題ないと答えました。2回目の面接ではとくに聞かれませんでした。

　就活において、病気の経験を伝えるか否かは人それぞれですので、状況に応じて判断してもらえればよいと思います。しかし、伝えるのであれば、病気の経験をただ話す（書く）だけではなく、プラスになる材料を見つける必要があります。ある企業のESにも病気について書きましたが、無事通過しました。

　いずれにしても、新卒採用においては何かの実績の大小よりも、自身の経験から何を学んで何をしてきたのかという過程やストーリーを重視しているように思います。また、残念ながら不採用となっても、価値観が合わなかったのだろうと思ってつぎに切り替えた方がよいです。病気の経験がなくとも就職が厳しいと言われる時代です。あまり他人に流されず、自分なりに考えながら自分に合った仕事・職場を見つけることが大切だと思います。

4　ハローワークを利用してみよう

••• **ハローワークの使い方**

　ハローワークは公的な就職支援機関なので誰でも無料で利用できます。付属機関も合わせると全国に約550カ所あります。職業相談や職業紹介、職業訓練の案内、各種セミナーなどを行なっていますので、ぜひ活用してみましょう。

　なお、地域によっては、がん経験者を対象にして仕事を紹介したり相談に乗ったりする試みがされているところもあります。近くで実施されている場合は、こうした窓口を利用することもできます（⇒p26、p132参照）。

◆**利用の流れ**

①**最寄りのハローワークへ行く**

②**求職の申込をする**

　「求職申込書」を記入し、窓口へ提出します。

③**ハローワークカードを受け取る**

　相談や希望求人の紹介の際に使用します。有効期間は、2～3カ月間。

④**求人情報を検索する**

　ハローワークに設置されたパソコンもしくはハローワークインターネットサービス（⇒p44参照）で希望の求人を検索します。ただし、ハローワーク内のパソコンの方が情報量が多く、企業が求人を出した当日から情報を見ることができます。ハローワークインターネットサービスで情報が見られるのは、翌日からです。

⑤ **就職相談する**

　窓口では、就職にあたってのさまざまな相談ができます。

⑥ **紹介してもらう**

　応募したい求人が決まったら、「紹介状」を発行してもらいましょう。最初に求人申し込みしたハローワークでなくても発行可能です。また、資格・経験など、求人票のすべての要件を満たしていない場合でも、ハローワークから企業に確認や応募できるよう働きかけを行なってくれることもあります。

> ●参考　ハローワークインターネットサービス
> https://www.hellowork.go.jp/
> ・ハローワークや付属施設の場所を確認できます。
> ・求人検索ができます。

••• 職業訓練を活用してみよう

　就職の際、知識やスキルを身につけたり、資格を取得する必要がある場合は、職業訓練という国の制度を活用してみましょう。例えば、パソコンスキル、簿記、人事労務、介護など多種多様な講座があり、原則無料で受講できます。「職業訓練を受講したい」と思ったら、まずハローワークで相談してみましょう。

　ただし、職業訓練の授業は原則として土日祝日をのぞく毎日、おおむね9時から16時までです。1日中勉強することは、集中力やある程度の体力を必要としますので、自分に見合った講座や場所を選びましょう。

••• 求人票で注意すべきポイント
　　（労働時間・休日、給与、待遇）

　求人票は、「フルタイム」と「パートタイム（短時間）」という働き方でわ

かれています。働き方やお金に関わる部分は、とくに注意して確認しましょう。

労働時間・休日

　日々の勤務時間をチェックしましょう。ハローワークの求人票では、「就業時間」という欄に、始業時刻・終業時刻・休憩時間・残業の有無と月平均の残業時間（目安）が記載されています。残業がない（少ない）方がよいという場合は、「就業時間」を参考にして応募先を選ぶのがよいでしょう。

　また、定休・不定休（シフト制）や夏季休暇があるかなども、通院のしやすさに関係するので確認しておきましょう。

給　与

　給与欄に記載されている金額は、税金や社会保険料が差し引かれる前の金額です。税金や社会保険料で３割位控除されますので、手取りは７割程度になると思っておきましょう。採用時に会社規定や年齢・経験などを考慮したうえで、給与額が決まります。基本給については、求人票の表示されている少ない方の金額を前提に考えておいた方がよいでしょう。

待　遇

　「加入保険等」の欄には、労働保険（労災保険・雇用保険）や社会保険（健康保険・厚生年金）などの加入状況や退職金制度など、会社の福利厚生関係の情報が記載されています。自分の希望と合うか確認してください。また、「求人情報特記事項」欄に、待遇に関する情報が書かれていることがありますので、見落とさないようにしましょう。

●求人票（フルタイム）の実例見本（表）

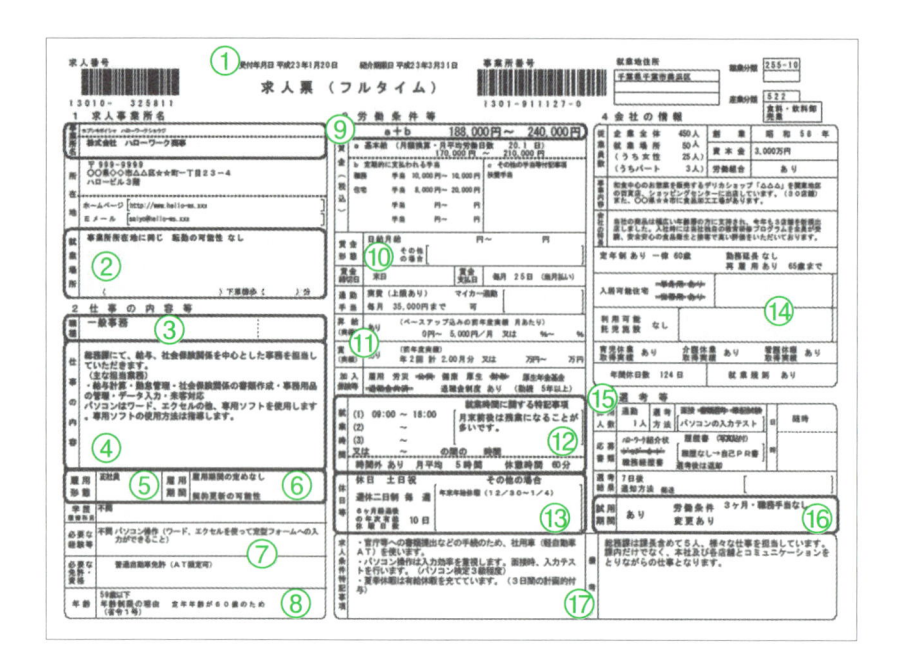

①求人番号
ハローワークはこの番号を使って求人票を整理しています。この番号を控えておくと問い合わせの際に便利です。

②就業場所
採用された場合、実際に働く場所です。会社の所在地と就業場所が異なる場合がありますので、注意しましょう。

③職種
応募職種が記載されています。
この職種欄に「トライアル雇用求人」「トライアル併用求人」とある場合は、働いた経験が少ない、あるいは応募職種での経験がない人向けの募集を行なっているということです。正社員への移行を前提として、原則3カ月間その企業で試行雇用として働ける制度です。

④仕事内容
具体的な仕事の内容が記載されています。自分の希望、経験、能力を照らし合わせて検討しましょう。

⑤雇用形態
採用された場合の雇用形態です。
・正社員
・正社員以外（契約社員、嘱託社員など）
・常用型派遣労働者
・登録型派遣労働者
の4種類で表示されています。

⑥雇用期間
期間の定めがある場合や契約更新の有無などの情報は、備考欄などに記載されていることも多いのでよくチェックしてください。

⑦必要な経験等・必要な免許資格
求人者が重視している条件です。あなたの経験・資格と照らし合わせてみましょう。「○○であれば尚可」「○○優遇」の場合もありますが、基本的には条件を満たしている人を望んでいると思った方がよいでしょう。

⑨賃金
・a欄は、いわゆる基本給（税込）です。金額に幅がある場合、応募者の経験などにより決まります。
・b欄には、かならず支払われる手当が記載されます。
・c欄には、個人の条件により、支払い状況が異なるような手当が記載されます。例えば、家族手当や歩合給などがこれに該当します。

46

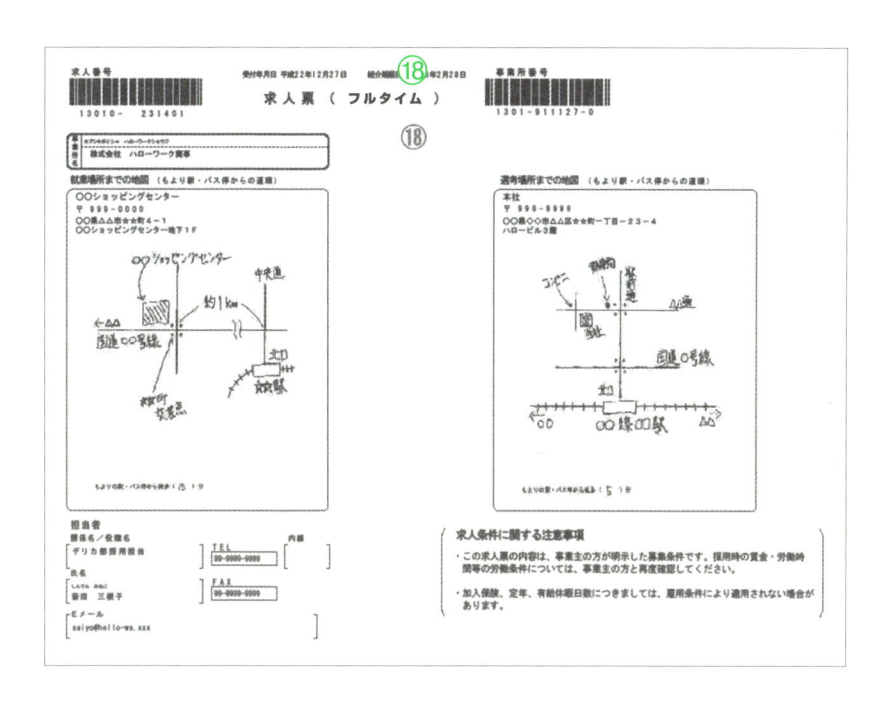

・通勤手当は通勤手当欄に記載されています。上限を設けている企業もありますので、チェックしておきましょう。

⑩賃金形態
・月給制：月額が決められ、欠勤しても賃金は変わりません。
・日給月給制：月額が決められ、欠勤した場合は日割計算で差し引かれます。
・日給制：日額 × 勤務日数で支払われます。
・時間給制：時間額 × 勤務時間数で支払われます。
・年俸制：年額が決められ、各月に分けて支払われます。

⑪昇給・賞与
前年度の実績に関する情報です。会社・個人の業績により変動することがありますので、あくまでも目安程度と考えましょう。

⑫就業時間
1日の労働時間です。時間外については、時期により残業時間が多かったり、少なかったりします。面接時に確認するとよいでしょう。

⑬休日等
休日となる曜日が固定しているものは、その曜日が表示されます。週休2日制とあった場合は、毎週なのか隔週なのかをチェックしましょう。
夏季休暇や年末年始休暇は「その他の場合」欄に記載されています。

⑮選考等
採用人数、選考方法などが記載されています。選考方法は面接の他、筆記試験などを行なう場合もあります。必要な応募書類もチェックしておきましょう。

⑯試用期間
多くの企業で試用期間を設けています。試用期間中は賃金などの労働条件が募集要項と異なることがありますので注意してください。

⑰求人条件特記事項・備考
定型的に記載できない特筆事項が書いてあることがあります。かならずチェックして、わからないことはハローワークで確認しましょう。

◆裏面
⑱地図・採用担当者等
就業場所、選考場所の2種類の地図と採用担当者および連絡先が記載されています。

※⑧と⑭の説明は省略

5　就活サイトを活用してみよう

最近の就活の特徴の1つが、就活サイトの活用です。従来からのハローワークを通じた就活だけでなく、Webの求人サイトも積極的に活用してみましょう。

••• Webの求人サイトの選び方

Webの求人サイトは、求人情報を検索したり、求人企業に応募できたりととても便利なツールです。一般的には、3サイト程度に登録して利用している人が多いようです。

「エンジニア」「IT」「医療・介護」などの業界別になっているサイト、あるいは「女性専門」「地元密着」「パート・アルバイト」「キャリア志向」など何かに特化したサイト。ランキングサイトや口コミなどを参考に、自分に合ったサイトを探してみましょう。実際に試してみるのも1つの手です。

••• Webの求人サイトの使い方

求人サイトを選んだら、まずは希望の企業を探してみましょう。最初から条件を入れすぎず、広い範囲（職種や勤務地程度）で検索して、じょじょに絞り込んでいくのがコツです。便利なWeb求人ですが、条件が厳しい、応募者が多く通りにくい、年長者には不利といった点もあります。不採用になってしまっても、「条件が合わなかった」と気持ちを切り替えましょう。とにかく数多く応募することが採用への近道です。

また、転職者用の「リクナビNEXT」や「マイナビ転職」では、履歴書・職務経歴書の書き方、転職Q&Aなど、転職ノウハウを公開しています。その他、企業の口コミ情報が収集できる「転職会議」といったサイトもあります。参考にしてみましょう（⇒p52参照）。

先輩たちのハローワーク

応募してから、自分の条件に合っているかを判断する

男性（肺がん「腺がん」）／42歳／情報サービス業
※性別（がんの種類）／診断時の年齢／職種

　私の肺がんがわかったのは、2010年11月の42歳のときです。

　当時、銀行の融資部門で主に中小企業向けの融資担当をしており、たまたま休暇を利用して健康診断を受けた際にがんが見つかり、年明けに東京都内の病院へ入院して抗がん剤の治療を開始しました。勤務先は2011年に別の銀行に継承されることになっており、多くの行員が継承先で働くことを希望していたので、私も継承先での職場復帰を望んでいました。

　当初の治療は1カ月から2カ月を想定しており、3月には復帰できるだろうと考えておりましたが、抗がん剤の副作用が思った以上につらく、とても職場復帰できる状況ではありませんでした。4月に別の銀行に継承されるにあたり、継承先で働きたいと希望を出していましたが、私には不採用通知が届き、愕然としました。

　1年6カ月の傷病手当期間は、治療に専念することだけを考えておりましたが、職場復帰の希望がなくなったため、つぎの就職に有利になるように、資格取得の勉強に取り組み5月にファイナンシャルプランナーの資格と12月に証券外務員の資格を取得しました。

　2011年は治療と資格取得だけに専念して、翌2012年から就活に向けて準備をはじめました。まず就活の状況とがん患者の面接時の心得などを自分なりに考えました。求人情報はリクナビNEXTやエン・ジャパンなどインターネットで自分に合った職種を探しては応募しておりましたが、なかなか面接までたどり着くことはありませんでした。

　そこで、それまでのやり方を変え、求人を出している企業にはすべて応募するようにしました。面接まで行けたときに、はじめてその会社と自分の条件が合っているか考え、面接に行くか行かないか判断しました。その結果4社に絞られ、最終的にいまの会社に決めました。がん患者に対しての理解があり、毎月1回の外来も承諾してもらえた点が決め手となりました。

　就活のポイントとして、企業には応募してから自分の条件に合っているかを判断することと、選考過程で病気療養期間のことを伝えるときは、資格を取得するための期間と伝えたらよいのではないでしょうか。私の場合はノルマとして新聞広告やホームページで求人を募集している企業へ毎日3社以上に応募するようにしておりました。結果として100社近く応募し、4社に絞り、最終的にいまの会社に決めましたが、最初から自分の条件と合った企業に幅を狭めてしまうのではなく、応募して合否の判断が出てから自分に合っているかを考える方がよいと思います。

先輩たちのハローワーク

働く場所＝「自分の居場所」を求めて……

女性（乳がん）／42歳／医療機器メーカー（財務部）

※性別（がんの種類）／診断時の年齢／職種

2010年11月に、乳がんの告知を受けました。当時はデザイン会社にて経理事務として働いていましたが、社員10数名の小規模な会社なので、総務も含め事務全般を担当していました。

罹患したとき、まずは社長へ報告し、治療・手術のスケジュールを伝えました。退職を余儀なくされることも念頭にありましたが、「治療して早くよくなるように」といった応援の言葉をいただいたので、仕事を続けながら治療することを決意しました。このとき、他の社員にはとくにくわしいことは伝えませんでした。

治療中は、抗がん剤の翌日もいつも通り出社し、休んだのは発熱した1日だけ。入院期間も6日間と最短コースで仕事に復帰しました。しかし、手術が終わり放射線治療の件を伝えると、社長の態度が豹変しました。「手術したのにまだ治らないのか?!」「これだけ（配慮）したのだからもういいだろう」と言われ、"見捨てられる"という思いと"治療しなくてはいけないのにできない"という思いで精神的にも参り、混乱しました。

放射線治療（25日間通う必要があるなど）の件も含め、治療スケジュールを最初にくわしく説明できていればよかったのかもしれません。しかし、当初は術式を含めすべては術前治療の結果次第ということもあり、とにかく目の前の治療と仕事をこなすことで精いっぱいでした。余裕がなく、治療についての説明が不十分だったことは、反省点だと思っています。

結局、この件をきっかけに退職し、放射線治療に通いながら就活（主にハローワーク、派遣会社への登録、ネットで求人検索など）をはじめました。がん経験後に仕事に就くことはいばらの道に思えましたが、働く場所＝「自分の居場所」を求めて必死に就活をしました。

登録した会社の1つより紹介を受け、医療機器の会社の財務部にて契約社員として働きはじめました。ただただ「就職したい！」という強い思いが、いまの仕事を引き寄せたと思っています。社長もがんサバイバーということで、病気のことを隠さずにいられるのは精神的に大変楽でありがたいです。仕事に就けたことに感謝しています。その後希望が通り、現在は正社員として働いています。

職場では、3カ月ごとの通院と半年に1回（年2回）の定期検査のための休みを承諾していただいています。仕事に支障が少ない時期を選んで（月末や月初の忙しい時期は避けるなど）、通院の予約を入れています。

がん経験者は常に「がんだから……」という思いが消えないかもしれません。しかし、その経験は思っている以上に自分を豊かにしています。だから、がんになっても自分に自信を持って歩んでいってほしいと思います。

先輩たちのハローワーク

「わかりやすく、具体的に」を心がけて！

女性（乳がん）／49歳／事務員
※性別（がんの種類）／診断時の年齢／職種

　49歳のときに乳がんが見つかりました。部分切除など温存のための治療を受け、その後はホルモン治療を継続。4年目で再発・転移がわかり、現在治療中です。

　罹患後は、化学療法を受けながら営業職から業務負担の少ない事務職に異動して勤務を続けました。再発後は休職期間をへて、勤務条件の配慮を得て復職。事務職として勤務しています。

　治療を受けながら勤務し続けるためには、面談などの場で必要な条件（希望する勤務時間や通院に必要な時間、業務の負担の程度や給与など）を具体的に伝えることが大変重要です。私の場合は、ある程度、会社が要望を受け入れてくれたので、復職を決めました。『「病気の進行」と「失業」の不安』を抱えながらの交渉なので、とくに独身者にとっては心理的に"しんどい"面もあります。上司や関連する部署の方などに「どのように言ったら協力をしていただけるだろうか？」と考えながら、具体的に説明することを心がけています。自分の要望に対して、交渉の担当者も好意的に対処してくれる気持ちではいても、前例のなさそうなことを要望として出す場合は、「社内規定もあるかと思いますが」とつけ加えてから話しはじめるなどの心配りもしました。その他、心がけた点は、以下の点です。

・自分も柔軟に対応し、相手の要望に合わせて対応できる部分があることを示す。

・相手が時間を割いて、社内で関係者に掛け合ってくれていることに感謝をしてから話す。

・自分の業務能力や経験からどのような業務が可能か、会社にとってプラスになることで、自分のできそうな仕事を具体的に挙げてみる。上司や人事、関連部署の方にもイメージが描きやすく、必要な業務との重なりが見つかる（引き取り手が見つかる）可能性がある。

　対会社とは言え、相手は同じ人間です。頑固に主張しすぎず、相手の立場を理解していることを示して交渉の場に臨みました。私は30年ほど「仕事一途」で働き続けてきました。罹患してもあまり変わりませんでしたが、再発・転移を経験して、はじめて考えががらりと変わりました。自分が望む「くらし」は何なのか、そのなかで「仕事」をどういう位置づけにしたいのかなど、いままでと違う視点から"自分にとって、大切なものは何か？"ということを考える毎日です。

　この病気は節目節目で、自分を見直す機会を与えてくれます。「病気」や「仕事」とどう向かい合うかは個人によって異なり、また病気も自分も人間関係も会社もビジネスもしだいに変わっていきます。そのなかで、この病気ほど深く切実に「自分」について考えさせてくれるものはないと思います。経済的な側面や生き甲斐など、自分にとっての仕事の目的や価値を考えることになりますが、先に"本当に自分の大切なもの（信念、したいこと、ほしいもの）"を出しておくことが大事なのではないかと思います。

主要就活サイト紹介

①公的求人サイト

名　称	URL	特　徴
ハローワークインターネットサービス	https://www.hellowork.go.jp	厚生労働省による求人検索ネット。※インターネット掲載可の企業のみ
人材銀行	http://www.mhlw.go.jp/kyujin/jinzai.html	おおむね40歳以上の管理的職業、専門的・技術的職業に従事してきた方を対象。

②官民統合求人サイト

名　称	URL	特　徴
しごと情報ネット	http://www.job-net.jp/	官民合同の日本最大の求人情報サイト。

③民間求人サイト

名　称	URL	特　徴
リクナビNEXT	http://next.rikunabi.com/	リクルートが運営。国内最大級。
マイナビ転職	http://tenshoku.mynavi.jp/	マイナビが運営。
DODA	http://doda.jp/	インテリジェンスが運営。国内第2位。
@type	http://type.jp/	アパレル・営業・女性・エンジニア・IT派遣といった専門の転職サイトを運営。
とらばーゆ	http://toranet.jp/	リクルートが運営。女性の転職をテーマにした転職サイト。
はたらいく	http://www.hatalike.jp/	リクルートが運営する地域密着をテーマとしたサイト。「働き方」や「人間関係」を重視する。
ジョブセンスリンク	http://job.j-sen.jp/	求人掲載料無料のため求人掲載数多。転職お祝い金あり。比較的新しい求人サイト。
エン・ジャパン	http://www.enjapan.com/	女性・未経験・事務職正社員・学生など専門サイトあり。
転職会議	http://jobtalk.jp/	企業の評判から求人までわかる転職クチコミサイト。

（2015年7月現在）

第3章 就活テクニック

「面接では病気のことをどう伝えればいいのだろう？」「病気のことを話す必要はあるのかしら？」

就活をはじめてみると、がんと一緒に働くことへのさまざまな不安や課題が見えてきます。そんなときは、ちょっとしたテクニックが役に立ちそうです。

1　就活スタイル、ここをチェック！

就活において、書類選考のつぎの関門が面接です。ここでは面接の一般的なテクニックを紹介するとともに、がん経験者特有の問題を考えたいと思います。

••• 採用側は、あなたの「ここ」を見ている！

面接で「この人と一緒に働きたい」と思ってもらえたなら就活は成功です。採用担当者は、面接で実務能力だけでなく、人物像をチェックします。例えば、面接にふさわしくない服装でやってきて、あいさつに元気がなかったらどうでしょうか。仕事への意欲がないと不信感を抱かれてしまいます。

『人は見た目が9割』という本がベストセラーになったほどです。自分が思っている以上に、最初に会ったときの印象がその後のあなたのイメージをつくり上げています。「第一印象を大切に！」

◆面接で第一印象を決める4つのポイント
　①あいさつ
　②表情・目線
　③服装・身だしなみ
　④声のトーン・言葉遣い

笑顔であいさつが大切！　「〇〇と申します。よろしくお願いします」と言いましょう。

••• 服装と身だしなみ

面接において、身だしなみは重要です。「清潔感」を意識して、面接官にきちんとした印象を与えられるようにしましょう。中途採用の場合、新卒の

ようなリクルートスーツを用意する必要はありませんが、通常のビジネススーツで臨みましょう。また、パートタイマーの面接であっても、オフィスワークであればビジネススーツやジャケットを着るのがマナーです。

　汚れやシワに気をつけて、だらしない印象にならないようにしてください。かならず全身映る鏡でチェックしてから出かけるようにしましょう。

●男女別リクルートファッション

◆「清潔感」「きちんと感」を出すためのチェックポイント

　男　性

　髪型：髪はすっきり短めに整えます。フケや寝癖に注意し、派手なカラーリングは避けます。抗がん剤治療後で薄毛のときも、きちんと切りそろえておきましょう。
　顔　：ひげは剃りましょう（剃り残しに注意）。
　服装：●ジャケットはジャストサイズを。

- ネクタイは派手すぎないものにしましょう（細すぎるデザインはビジネスに不向き）。結び目が曲がらないように結びます（練習しておく）。

  手足にしびれがあってうまく結べないときは、家族や友人に結んでもらうとよいでしょう。
- ズボンはシワがなく、折り目がきちんとついたものを着用します。
- 靴は、黒の革靴。磨いておきましょう。
- カバンは、革やナイロン製のビジネスバックなど。床に置くことを想定し安定するものを選びましょう。

女性

髪型：長い髪はまとめます。お辞儀をしたときに顔に髪がかかってしまう場合はピンでとめます。カラーリングしている場合は、派手な色は避け、根本の色が目立たないよう気をつけましょう。脱毛中の場合はウィッグで対応。内定後に地毛が生えそろい、地毛デビューをしたら、「心機一転、思い切ってショートカットにしてみました!!」と言えば誰も不思議には思いません。

顔：明るい雰囲気のナチュラルメイクを心がけましょう。副作用などで肌がくすんでいるときは、ファンデーションやチークでカバーするなど、顔色が明るく見えるよう意識してメイクを（⇒p35参照）。ただし派手な色のシャドーや口紅は避けます。まゆげやまつ毛が脱毛しているときは、アイライナーやつけまつ毛で対応しましょう。

服装：
- スカート・パンツいずれもOK。スカートの場合は、短すぎるもの・スリットが深く入っているものは避けます。スカート丈は膝の中心が隠れるくらいが好ましいでしょう。
- ストッキングは肌色。

- ●アクセサリーは控えめにし、ピアスやネックレスは目立たないものにしましょう。
- ●薬の副作用で爪が変色しても濃い色のマニキュアや派手なネイルアートは避けます。
- ●靴は、シンプルな黒や茶のパンプスが基本です。ヒールは高すぎないものを選びましょう。
- ●カバンは、TPOに合ったものを。A4の書類が入るビジネス仕様のものが便利です。床に置くことを想定し安定するものを選びましょう。

持ち物

当日持っていく物を前日までに準備しておきましょう（⇒p61参照）。

- ・応募書類のコピー
- ・募集要項
- ・訪問する企業の担当者名・連絡先
- ・携帯電話
- ・筆記用具
- ・手帳（スケジュール帳）
- ・腕時計

> ウィッグの方やホットフラッシュがある方は、とくに時間に余裕をもった行動を心がけます。
> 汗がひどいときには、汗ふきシートなどを活用して身だしなみを整え、ひと呼吸ついてから面接に臨みましょう。扇子も持参しておきます。
> 焦りは禁物です。

先輩たちのハローワーク

「この会社で何をやりたいか」を、きちんと伝えられるように……

女性（乳がん）／35歳／自動車部品メーカー
※性別（がんの種類）／診断時の年齢／職種

　罹患時は、外資系重電部品メーカーで営業事務に従事していました。当時は派遣社員でしたが、最初に病気のことを伝えたのは、派遣会社の担当者ではなく、良好な関係性を築けていた現場の上司です。その後、病気のことを派遣会社にも報告したところ、すぐ担当者とメンターの方が対応して下さり、傷病手当という制度と、その申請方法などを教えていただきました。がん保険に入っていなかったため、とてもありがたかったです。

　仕事を辞め、抗がん剤治療をすると選択したときから「しっかり療養しよう」と決めていましたが、次の就活は厳しくなると予測し、少しでも就活に有利になるよう、資格取得のための勉強をしました。具体的には、通信制の大学へ復学、ＴＯＥＩＣ、工業英語検定、秘書検定の資格取得などです。

　治療後、はじめての就活は、傷病手当から失業保険へ切り替わる、離職してから１年半後のタイミングです。「長いブランク」がネックとなり、なかなかうまくいかなかったのですが、「がんと就労」の研究にあった「復職するなら、元の職場がよい」にヒントを得、以前の上司にコンタクトをとり、幸運にも派遣社員として元の職場に復帰することができました。

　本来、正社員での復職を目指していましたので、罹患後約４年半の時期に、再び就活をスタートしました。当時39歳で派遣社員、離職ブランク、抗がん剤治療による後遺症等で、正社員としての就活になかなか自信が持てませんでした。そんなときに勇気づけられたのが、サバイバーシップ・ラウンジで出会ったサバイバーの言葉です。「とにかくエントリーをしまくる。返ってきた案件を見てはじめて業務内容を確認する。その後、選択すればよい」彼の一言により、「人よりハンデがある分、普通にやっていてもダメだ」と意識が変わりました。

　「派遣社員だけれど、仕事に対してのビジョンはある。とにかく面接を受けるキップを手に入れたい。それにはまず書類を通さなければ」と思っていた私は、直属のマネージャーと人事マネージャーに推薦状を書いていただき、履歴書・職務経歴書とともに、最初に提出しました。そして、面接の機会をいただいたら、自分がやってきたこと、これからその会社で何をやりたいかを、きちんと伝えられるよう準備しました。約６カ月の転職活動を経て、契約社員として自動車部品メーカーに転職することができ、半年後に正社員登用となりました。現在は、主に製品の納期をサポートしています。プレッシャーやストレスの多い仕事ですが、元気に就業しています。現在の会社には病気のことは、伝えていません。

　そして、５年以上たったいま、たまに後遺症はでますが、元の状態に戻ったと実感する私がいます。

2　どうする？　スケジュール管理

●●● スケジュール管理の重要性

　一定の期間に複数社の企業と面接を行なう就活では、正確なスケジュール管理が不可欠です。応募書類を提出し忘れてしまったり、面接をダブルブッキングしてしまったり、診察日と重なってしまったりしたら、せっかくのチャンスを逃してしまうことになります。上手にスケジュール管理を行ない、やりたいこと、やるべきことを着実に進めていくことが就活成功の鍵でもあります。

　また、仕事では限られた時間のなかで成果を出すことが求められます。スケジュール管理能力を高めることは、社会人基礎力の「計画力」や「実行力」を養っていくことにもつながるでしょう。

●●● スケジュール管理の方法

　あなたは、いまどのようにスケジュール管理を行なっていますか。スマートフォンのスケジュール機能でしょうか。それとも手帳（スケジュール帳）でしょうか。

　スケジュール管理の方法は人それぞれではありますが、就活においては、メインは手帳で行ない、補助的にスマートフォンを利用するのがおすすめです。手帳であれば、大事な場面で電池が切れてしまう心配もありませんし、自分なりの書き方や管理の仕方をつくり出していくことができます。スマートフォンの場合、大事なメモをとっていたり、日にちの確認をしていたとしても、遊んでいると勘違いされてしまうことがあるので、注意しましょう。

••• 手帳の使い方

　就活では、履歴書・職務経歴書の送付締切期限や筆記試験・面接などの日程、時間、場所を正確に把握しておく必要があります。また、余裕をもって履歴書・職務経歴書の作成をしたり、選考試験の準備の時間を確保しなければなりません。
　このようなことを考えると、
　・1カ月の予定を把握できる（マンスリー）
　・1日の流れを把握できる（バーティカル）
　の手帳がよいと思います。
　手帳には、就活予定だけでなく、通院やプライベートの予定も書いておき、一元化しておくと空いている時間がすぐにわかって便利です。

3　カバンに入れておくもの

　カバンのなかは、きれいに整理しておき、出したいものをすぐ取り出せるようにしておきましょう。面接の際にカバンのなかをガサゴソするのはよくありません。

●就活中のカバンのなか

- ☐ 手帳（スケジュール帳）
- ☐ 筆記用具（消えないボールペン必須。他企業のロゴの入った筆記用具は避ける）
- ☐ 携帯電話
- ☐ ノート
- ☐ メモ帳
- ☐ 付箋
- ☐ クリアファイル
- ☐ のり
- ☐ 印鑑・朱肉
- ☐ 会場の地図
- ☐ 応募書類のコピー
- ☐ 携帯電話の充電器
- ☐ 歯ブラシ
- ☐ ハンカチ・ティッシュ
- ☐ 汗ふきシート
- ☐ 折りたたみ傘
- ☐ 薬
- ☐ 扇子（ホットフラッシュのある方）
- ☐ ヘアアイロン（女性）
- ☐ メイク道具・鏡（女性）
- ☐ 替え用ストッキング（女性）

4　言葉遣いに気をつけよう

••• 電話のマナー

　就活では、電話での対応も選考過程における評価に入ります。電話は顔が見えないコミュニケーションであるため、ちょっとした表現や言い方が「マナーを知らない失礼な人」と誤解されてしまうことがあるので、気をつけてください。

　きちんとした対応をすることで、あなたの印象は格段によくなります。あなたから企業にかける際、企業からあなたにかかってきた際、いずれも採用担当者に好印象を持ってもらえるチャンスととらえ臨んでください。また、どうしても緊張してしまう場合は、電話の前に深呼吸したり、鏡を見ながら練習しておくとよいでしょう。

電話の際に気をつけたいこと

①かける場所・環境

- うるさい場所ではありませんか？
- 電波の状態はよいですか？
- 電池残量は充分ですか？

②かける時間帯

- 休日明けの月曜日の午前中は避けましょう。
- 昼休みや終業時刻間際は避けましょう。

③声のトーン・姿勢

- 見えなくても姿勢を正して笑顔で。声に影響します。
- 明るくハキハキした声で話しましょう。

④メモ・復唱

・聞き間違いがないようにメモを取りましょう。

・日時・場所・担当者名・持ち物を復唱して確認しましょう。

・・・ 電話のかけ方の流れ

電話は、「相手の時間を使う」ことであると意識し、簡潔に話すことが大切です。事前に自分が話す手順、要点などをまとめてから電話をかけるようにしてください。

> **①相手が出たら名前を名乗ります。**
> 「私、○○○○と申します。△△▲▲（求人媒体）の求人広告を拝見し、お電話いたしました。恐れ入りますが、人事部の●●様をお願いできますでしょうか」
> ↓
> **②担当者に取りついでもらいます。**
> 「私、○○○○と申します。ただいま、お時間はよろしいでしょうか」
> ↓
> 「△△▲▲（求人媒体）の求人広告を拝見し、お電話いたしました。現在も□□職の募集はなさっていますでしょうか」
> **【募集を行なっているという返答】**
> 「ぜひ一度選考の機会をいただきたく、お電話差し上げました」
> **【応募書類を送るようにとの返答】**
> 「ありがとうございます。さっそくご送付いたします。よろしくお願いいたします」
> ↓
> 「お忙しいところ、ありがとうございました。よろしくお願いいたします。失礼いたします」
> ↓
> 相手が電話を切ってからこちらも切る。

担当者が不在の場合は戻る時間を聞き、こちらから連絡する旨を伝えます。忙しいなか対応してくれたお礼と、相手が切ってから切ることも忘れずに。

●会社の呼び方や書き方

	呼び方	書き方
会社	御社（おんしゃ）	貴社（きしゃ）
銀行	御行（おんこう）	貴行（きこう）
省庁	御省（おんしょう）	貴省（きしょう）
都道府県	御県（おんけん） 御庁（おんちょう）	貴県（きけん） 貴庁（きちょう）
市町村	御役所（おんやくしょ）	貴役所（きやくしょ）
協会	御会（おんかい） 御協会（おんきょうかい）	貴会（きかい） 貴協会（ききょうかい）
財団	御財団（おんざいだん）	貴財団（きざいだん）
学校	御校（おんこう）	貴校（きこう）
病院	御院（おんいん）	貴院（きいん）
税理士事務所など	御事務所（おんじむしょ）	貴事務所（きじむしょ）
NPO法人など	御法人（おんほうじん）	貴法人（きほうじん）

●正しい敬語の使い方（謙譲語・尊敬語・丁寧語）

分　類	内　　容
謙譲語	自分や自分の行動などをへりくだって表現することで、相手を敬う言葉
尊敬語	人やその人の行動などに対し、敬意を表す語を使うことで、直接相手を高める言葉
丁寧語	「です」「ます」など丁寧な言葉づかいをすることで、聞き手に対する敬意を表す言い方

基本形	謙譲語	尊敬語	丁寧語
行く	伺う 参る	いらっしゃる 行かれる お出かけになる	行きます
来る	伺う 参る	いらっしゃる 来られる お見えになる	来ます
言う	申す 申し上げる	おっしゃる 言われる	言います
見る	拝見する	ご覧になる	見ます
聞く	伺う 承る	お聞きになる 聞かれる	聞きます
知る	存じている 存じ上げる	ご存じである	知っています
会う	お会いする お目にかかる	お会いになる	会います
食べる／飲む	いただく 頂戴する	召し上がる	食べます 飲みます
いる	おる	いらっしゃる	います
する	いたす	なさる される	します
もらう	いただく	お納めになる	もらいます
読む	拝読する	お読みになる 読まれる	読みます

第3章 就活テクニック

●メールの書き方

就活でのメールは、友人とのメールと違い、ビジネスメールのルールに沿って書いていくことが大切です。パソコンメールを使い、件名・宛名・署名を忘れずに入れるようにしましょう。

件名：面接日程のご連絡のお礼……❶

○○株式会社　人事部採用グループ……❷
採用ご担当　●●△△様

▲▲□□と申します。……❸
本日は面接の日程のご連絡をいただき、ありがとうございました。
面接の機会を与えていただき、大変感謝しております。
教育サービス業界で、～～～なビジネスを展開する貴社で働きたいという気持ちをお伝えしたいと思っております。……❹

当日は何卒よろしくお願い申し上げます。

▲▲□□……❺
〒123-4567
東京都■■区××1-2-3
Tel：090-0000-0000
Mail：aaaaa@～……❻

---

❶ メールの内容がひと目でわかるような件名をつける。
❷ 社名・部署名・担当者名を書く。
❸ メールでは時候のあいさつは必要ない。「拝啓」「敬具」なども必要ない。自分の名前を名乗って用件に入る。
❹ 簡潔に用件のみを記入するよう心がける。なるべく区切りのよいところで改行をして読みやすくする。
❺ 最後に署名を入れる。
❻ ビジネスで使うメールなので、それにふさわしいメールアドレスを使用する。

5　面接テクニック

　病気のことを伝えるか伝えないか、そして伝える場合にどのように伝えるかは、面接をするあなたにとって非常に重要な問題だと思います。しかし、面接官にとっては（あなたが思うほどには）病名は重要な情報ではないかもしれません。

●●● 面接官は何を見ている？

　面接は、「あなたのしてきたこと、できること、したいこと」を表明する場です。実務能力を知るだけであれば、履歴書や職務経歴書でも一定の判断ができます。しかし、仕事への意欲や自社の社風と合うか、在籍社員とうまくやっていけるかといったことは、書類だけではわかりません。面接は、直接向き合ってそれらを判断するための場なのです。

　面接官は、あなたの話の内容はもちろん、話し方や受け答え方、態度、表情などから、評価を行なっています。

　「履歴書を書いてみよう」（⇒p32参照）の項でも述べた通り、病気のことや会社に配慮してほしいことを伝える前に、ぜひ、あなたが企業の求める人材と合致しているということをプレゼンテーションしてみましょう。鏡を見ながら練習したり、答えを録音して聞いたりするなど、あらかじめ面接のための準備をしておくことがとても大切です。

面接官は、ここを見ている！

①実務経験や能力（何がどの程度できるのか）
・職務経歴書どおりの知識・スキルはあるか。
・実績など具体的な事例を盛り込んで回答しているか。

・自社で活かせる強みがあるか。

②**仕事への意欲（何がしたいか、続けていけるか）**

・自分の考えを自分の言葉で語っているか。

・自発的に仕事に取り組めるか。

・転職理由があいまいな表現でないか。理由に一貫性があるか。

③**適応性（周囲とうまくやっていけるか）**

・第一印象はどうか。マナーは心得ているか。

・前職場に対する非難めいたことを言わないか。

・積極的に人と話すことができるか。

•••面接で聞かれることを確認しよう

　面接時間の目安は、30分から長くても1時間程度です。ここでは、一般的な面接でどんなことを聞かれるか説明します。

①**自己紹介**

　ほとんどの面接で一番はじめに求められるのが「自己紹介」です。この自己紹介がとても重要です。あいさつから自己紹介までの5分足らずで、ほぼ採用の可否が決定すると言ってもいいでしょう。かならず、練習をしておいてください。まずは氏名を名乗り、職務経歴を1分程度で話す、ということです。ポイントは、あれもこれもと盛り込み過ぎないことです。話が長くなってしまうと、あなたが言いたいことが伝わらないだけでなく、面接官の印象もよくありません。

　また、職歴のない方は、学生時代やアルバイト経験、日常生活において力を入れて頑張ったこと、それによって学んだことなどについて話しましょう。例えば「マンションの管理組合長を3年やった」なども、いろいろな人の意見をまとめることができるという、あなたの長所を伝える貴重な経験の1つです。

②**退職理由**

　なぜ面接で退職理由を聞くのかというと、また同じ理由で自社を辞めるのではないか、という心配があるからです。採用担当者の不安を取り除く回答が必要です。

　病気が直接の退職理由であっても、その事実だけを伝えるのではなく、あなたの言葉で、プラスアルファをつけ加えましょう。例えば、病気が人生の転機となったこと、いまは業務に支障がないこと、などです。ネガティブな理由であっても、伝え方次第で面接官の印象を変えることができます。「企業として不安に思われるのは承知しておりますが」と前置きして、「今後御社でこんなことを実現したい」とポジティブメッセージに変換します。

> 退職理由が病気であることを言うときは、以下のことをきちんと伝えるのがポイントです。
> ・日頃から体調管理に気をつけており、現在は業務に支障がないこと
> ・再就職するために努力したこと（資格取得、スキルアップ）
> ・応募企業でどんな貢献ができるのか

③**志望動機**

　「なぜこの会社に入りたいのか」「入社したらこんな仕事がしたい」「こんなふうに貢献できます」など、その企業で働きたいという熱意を伝えてください。自分の言葉でしっかりと語ることができるよう、事前に準備しておきましょう。応募企業の事業内容をホームページなどで調べ、自分がその企業でどんな役割を担っていくのか、いままでの職務経験をどのように活かせるのか、イメージしてみてください。あなたの能力や経験をアピールできる企画を考えてみるのもよいかもしれません。

④**自己PR**

　自己PRとは、あなたのことを何も知らない採用担当者に、自分のよさをアピールすることです。これまでの職務経験に基づいて、「仕事で活かせる強み」を伝えていきましょう。「例えば、……なことがありました」「上司から……な評価を受けていました」など具体的なエピソードもつけ加えることで、説得力が増していきます。

　短い面接時間では、いくつもの強みを伝えることは難しいので、「これだけは伝えておきたい」という1つに絞って伝えるのがコツです。

> デザイン系・出版系などはこれまでの作品や成果物をファイリングして持参すると、効果的なプレゼンテーションになります！

⑤**質問**

　面接の最後に、「何か質問はありますか」と聞かれることがあります。「とくにありません」では、消極的な印象を与えてしまいます。あなたがその企業で働くうえで疑問に思っていることを尋ねてみましょう。

　また、配慮を得たいことがある場合は、このタイミングで伝えてみるのがよいでしょう。その際は、配慮してもらいたい具体的な内容を伝えることがポイントです。（例えば「持病があり、3カ月に1回、半日程度お休みをいただいて、病院に行くことが必要なのですが、可能でしょうか？」など）（⇒p73参照）。

　面接という緊張する場で、病気のことにふれたり、聞きづらい質問をすることは難しいコミュニケーションではありますが、貴重な経験になるはずです。

・・・ 面接の形式

それぞれの形式の特徴を知って、事前に準備しておきましょう

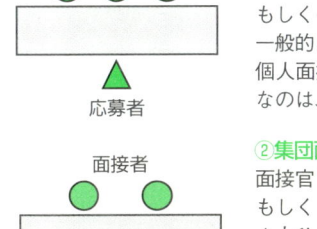

面接者 ①**個人面接**
面接官と応募者が1対1
もしくは複数の面接官対応募者1名
一般的な面接形式。
応募者 個人面接では、じっくりと掘り下げて人物像を見られる。大事なのは、長所や能力を伝えること。

面接者 ②**集団面接**
面接官1名対複数の応募者
もしくは複数の面接官対複数の応募者
1人ひとりの発言の機会が少ないので、簡潔に自己アピールを伝えられるかがポイント。
応募者 他の人の発言中の態度も注意！　面接官の方を向いて穏やかな表情で。

> なかには、わざと威圧的な質問をしたり、応募者の発言を否定したりして、応募者の対応を見る「圧迫面接」と呼ばれるものもあります。面接する側は、感情コントロール力やストレス耐性があるかどうかを見ています。プレッシャーを感じるかもしれませんが、慌てず冷静に対応することが大切です。

・・・ その他の形式

◆**グループディスカッション**

与えられたテーマについて、応募者5、6人で議論する。新卒採用で使われる形式。結論よりもプロセス（発言の仕方、気遣い、振る舞い）が見られる。

◆**グループワーク**

4人から6人ぐらいのグループに分けられ、そこで課題が出される。課題は、ゲーム感覚のものや擬似プロジェクト会議など多種多様。制限時間があり、その限られた時間内にグループで話し合い結論を導き出していく。

グループの中でどのような役割を果たしているか、性格や能力をチェックする。

● 面接の流れ

面接前
・遅刻は厳禁。はじめて行く場所のときは、とくに余裕を持って到着する。
・携帯電話はマナーモードに設定し（あるいは電源を切り）、コートを着ている場合は脱いでおく。
・受付でも礼儀正しくあいさつをする。

控え室
・社内はすべてが面接会場。控え室、廊下でもきちんと。
・入口に近い下座に座るようにする。

入室
・面接会場に入るときはノックを3回。「どうぞ」の声を聞いてから「失礼します」とはっきり言い、入室する。
・ドアは両手を添え、大きな音を立てないように閉める。

着席
・椅子まで進み、椅子の左脇に立って、鞄を置く。
・「〇〇と申します。よろしくお願いします」と言って一礼する。
・椅子を勧められたら、「失礼します」と言って座る。
・背筋を伸ばし、背もたれには寄りかからない。
・男性は手を軽くにぎり、膝のうえに置く。女性は軽く手を重ね、膝の中央に置く。

> 手に皮膚障害があるときは、手をにぎって座るなど違和感なく隠す工夫をする。

面接
・受け答えは大きな声でハキハキと。
・面接官の両目と口を結ぶ三角形を見ながら、ときどき視線を合わせる。
・面接官が複数いる場合は、それぞれに目配せする。
・面接官の発言には、相づちを打ち、理解や共感を示す。

退室
・「以上です」と面接終了が告げられたら「はい」と返事をして起立する。
・「本日はありがとうございました」と言って、一礼する。
・ドアまで進み、面接官を向いて「失礼します」と言って退室する。
・部屋から出ても気を抜かない。

6　採用する側は既往歴をどう見ているの？

●●● 病気のこと、どこまで言えばいいの？

　採用する企業側は、病気に関わらず業務に支障をきたしそうなことは、事前に知っておきたいと考えます。また、企業は、従業員に仕事をしてもらううえで、安全や健康に配慮する義務を負っています（安全［健康］配慮義務）。

　あなたが働くうえで何らかの支障があり、企業側に配慮してほしいことがあるなら、面接時に伝えておいた方がよいでしょう。

●●● キャリアブランクについて伝えるには？

　治療などによる離職期間を「キャリアブランク」といいます。キャリアブランクがある場合、面接官は当然気にします。面接時に、「ブランクの理由」と「そのあいだに何をしていたか」を質問し、あなたが答えた内容から、今後の業務に支障を与える可能性があるかどうかを見極めていきます。

　ブランクについて尋ねられたら、病気療養をしていたと理由を伝えましょう。いきなり病名を言う必要はありません。また、ブランクをマイナスのアクシデントとして話すだけでなく、病気という経験を通して自分にプラスになったこと、乗り越えたことなどを伝えるとよいでしょう。資格取得のため勉強していたことを伝えてもよいですね。

　病気療養という事実は変えられませんが、伝え方次第で面接官への印象は変えることができます。さらに、ブランク前の職務経験での実績をアピールしつつ、現在は業務に支障を与える状況にないことを伝え、面接官の不安を払拭しましょう。

第3章　就活テクニック

病歴・治療・副作用の伝え方

あなたは、何よりもまず「病名を言わなくては！」と思っていませんか？面接では、あなたの人物・人柄を知ってもらったうえで、病気のことを伝えることができます。しかし、面接官にかならずしも病気の知識や理解があるとは限らないので、伝え方は十分に気をつけましょう。「病名」を伝えることよりも「状況」を伝えることが大切です。一方的に話すのではなく、相手の理解度を観察しながら、可能な範囲で配慮事項を伝えていきましょう。

あなた自身が病気や症状のことをよく知り、仕事への影響が、どんなときにどんなふうにあるのか、またそれによってどんな配慮が必要かを明確に伝えることができれば、企業側も安心感を得ることができるのではないでしょうか。

配慮してもらいたいことの伝え方

企業側には、あなたに任せたいと思っている業務があります。また、こうやって働いてほしいという労働条件もあります。就労環境とあなたの現状にギャップがあった場合、何らかの配慮が必要になります。

例えば、月に1回勤務時間内に休暇を取って通院する、あるいは昼休みとして決められた時間以外に複数回にわけて食事を取らなければならないなどです。職場は仕事をするところであることを念頭に置き、「○○な働き方であれば（配慮してもらうことで）、△△の業務ができます」というように、自分のメリットや都合だけでなく、企業のメリットも考えた伝え方をしてみましょう。

面接想定問答集

••• 応募者の概要に関する質問

> 「自己紹介をしてください」
> 「これまでのお仕事について話してください」

回答例
大学卒業後、○○株式会社に入社し、その後○年間、教育サービス業の総務事務職として入退社手続および給与計算業務に携わってきました。関東地方にあった約30校の学習塾に勤務する正社員、アルバイト延べ300名の入退社手続き、勤怠集計、給与計算が主な業務でした。
従業員に安心して働いてもらうための大切な業務ばかりでしたが、とくに給与計算においては、絶対に間違いは許されないと、日々正確性を大切にして取り組んできました。具体的には、給与計算ソフトへの入力後の金額チェックは、かならず2人以上で確認するなど、より確実性を高める体制を提案しました。
また、税金や社会保険料の法改正についてはアンテナを張って情報収集し、常に「正しい給与計算」を目指してきました。
さらなる専門知識を習得して、仕事の幅を広げていくために、現在社会保険労務士試験の勉強をしています。

●ポイント
長すぎないようにします。履歴書や職務経歴書のポイントを強調して、企業が求める能力をアピールします。

▶▶▶「自己PRをしてください」

回答例
　前職のITサービス企業の営業職では、お客様との信頼関係を第一にやってきました。入社当時は、「何が何でも売ってやる」というスタンスでしたが、上司から「どんな人から商品を買いたい？」と聞かれ、商品がよくても売れないのは、自分がお客様に信頼されていないからだということに気づきました。お客様とのコミュニケーションを通して、いま困っていることを読み取り、問題を解決できるサービスをご提案するようにしました。
　その結果、常に前年比120％以上の売上を達成いたしました。商品が違っても、お客様と信頼関係を築き、御社の売上に貢献してまいります。

●ポイント
前職での実績を具体的に伝えます。仕事に取り組む姿勢や評価は、異なる職種や業種であっても自己PRでアピールしましょう。

・・・ 退職理由・ブランクに関する質問

▶▶▶「なぜ前職を辞めたのですか？」
▶▶▶「ブランク期間が長い理由は何ですか？」

回答例
　販売職として勤務していましたが、病気療養のため退職いたしました。現在は、体調も回復して業務に支障はありません。
　ブランク期間には、事務職としての再就職を目指して、簿記とパソコンの資格取得をいたしました。

●ポイント
病気での退職であることを伝える場合は、仕事への前向きさ、業務への支障がないことを伝えます。かならずしも病名を言う必要はありません。

・・・ 志望動機に関する質問

「なぜわが社に応募をしたのですか？」

回答例　前職において、販売職としてお客様の笑顔を見ることが仕事へのやりがいにつながっており、御社のホームページで「食で日本の人々を笑顔にする」という言葉に感銘を受けました。おいしい食事は人を笑顔にし、食の安全は人々に安心を与えます。よりたくさんのお客様に御社の商品の素晴らしさを伝えていきたいと思っています。これまでに培った顧客意識やコミュニケーション力を活かして御社の販売企画職として貢献していきたいと思い、応募いたしました。

●ポイント
数多くある会社のなかからその会社を選んだ理由があるはずです。「近くだから」や「会社の将来性を感じて」ではダメです。志望動機は、応募企業で何をやりたいかを伝えること。あなたのやりたいことが会社に利益（メリット）を与えることを売り込みましょう。入社後自分ができること、つまり、「自分の将来性」を伝えることが大切です

▶▶▶ 「なぜこの職種を希望するのですか？」

回答例
前職では、小売業にて接客販売の業務に従事していました。副店長として、日々帳簿作成や売上管理など店舗経理に携わるなか、経理が担う役割の重要性を感じていました。経理職は、企業経営の基盤を支える責任のある仕事であると思っています。退職後は、経理に携わりたいと考え、日商簿記検定2級の資格を取得し、独学で会計ソフトも習得しました。一日も早く貴社での仕事を覚え、短期間で戦力になりたいと思っています。ぜひ貴社の経理職として頑張りたいと考え志望いたしました。

●ポイント
キャリアチェンジの場合、職種へ興味を持った理由が明確になっていることが大切です。前職で活かせる経験や不足しているスキルを学んでいる積極的な姿勢をアピールします。

••• 病気に関する質問

▶▶▶ 「既往歴はありますか？」

回答例
「とくにありません」

●ポイント
仕事に支障がない場合は、伝えないという選択もあるかと思います。しかし、例えば、後遺症で重いものが持てないのに引越業社に就職し、業務に支障が生じた場合など、入社後に重大な告知義務違反とみなされ（告知をしたならば採用しなかったと考えられる）、懲戒の対象になる可能性もあります。

回答例　「○年前に、○がんの診断を受け、治療をしました。現在は、月1回の経過観察のための通院をしていますが、その他業務に支障はありません」

●ポイント
伝える場合は、事実を明確に伝えます。配慮事項があれば、このタイミングで伝えてもよいです。また、心から働きたいと思った、働くことの大切さを再認識したなど、がんを経験したからこそ学んだことを伝えるのもよいでしょう。

「がんは再発しないのですか？」

回答例　「自分としては、再発はしないと思っています。主治医と相談し、再発を防ぐ治療をしっかり行なっております。」

●ポイント
意地悪なのか、単なる疑問であるのかわかりませんが、そこは考えても仕方がありません。答えづらい質問であっても、感情的になったり、黙り込んでしまったりするのはよくありません。「少し考えさせてください」といったん、時間を取ってから冷静に自分の考えを回答しましょう。「必要があれば診断書を提出することもできます」と答えるのも、1つの方法です。

7　内定をもらったら

　がん経験者が、就活を経て無事内定にたどりつくと、つぎにまた新たな悩みが生まれます。採用内定の連絡とともに、会社に提出する書類が示され、多くの場合、そのなかに「健康診断書」が含まれているからです。または、「健康診断書」の提出がない場合、代わりに、会社の所定の病院で健康診断を受ける旨を伝えられることもあります。

　「病気のことを伝えてないけど、既往歴はどうしたらいいの？」「包み隠さず言った方がいいの？」「一応、伝えたけど、病名を書かれるのは、内定を取り消されそうで不安」……こういった相談が後を絶ちません。

••• 健康診断は受けないといけないの？

　企業は、何のために健康診断を行なうのでしょうか。これから任せようとしている仕事を応募者（あるいは内定者）がきちんとこなせる健康状態にあるかを知りたいからです。また、企業の責任でもある安全配慮義務を果たすために、社員の健康状態を把握しておかなければならないという事情もあります。

　健康診断を受けることにより、既往歴が企業にわかってしまうのではと心配する方もいますが、一方で受けないことによって企業に迷惑をかけたり、不信感を抱かせたりすることになるかもしれません。既往歴はあっても仕事はしっかりできるということを伝えるのが一番大切なことでしょう。

　また、診断書をあらかじめ提出する場合は、医師に証明してもらう項目が明記されているので、項目をよく確認してください。病名をふせたいときは、「かかりつけ医にきちんとフォローアップしてもらっている」ことを産業医や問診医に伝えましょう。

診断書を活用するために

　診断書には、一般的に、患者情報（氏名、生年月日、年齢、住所、性別など）、病名、発症日、受診日、所見（治療内容や検査結果）、療養上の注意点、治療見込みの期間や通院頻度などが書かれており、担当医師の名前、印鑑、病院名などが記されています（がんの場合、発症日や原因などは"不詳"と書かれることが多いです）。

　診断書に記載してあることは、がんとの因果関係が医学的にも明確なものだけになります。そのため、あなたが「体調が悪いのはがん治療のためだ」と思っていても、医師は合理的な説明ができない症状を診断書に記載することはできません。

　もし、がんの治療に合わせて婦人科や心療内科など複数の科に通院をしているのであれば、他科からも診断書を発行してもらうしかありません（有料）。

　ただし、医学的な知識のない人事担当者が、病名などが書かれている診断書をみても「就労」と結びつけて配慮事項を考えられるとは限りません。産業医がいる企業の場合、「就労上の配慮事項」として「翻訳」をお願いすることもできますが、いない場合は自分から人事担当者にもあなたの病状がわかるように伝える必要があります（⇒p125参照）。

　休職～復職までの流れをスムーズにしたいのであれば、診断書の発行を主治医に依頼するときには、つぎの３つのポイントを記載してもらいましょう。

①記述欄に記入してほしい情報、具体例などを記入。
　（例：当面の間はラッシュ時は避ける、残業は不可などの配慮事項を添えたうえで"就労可能"の言葉をつける）

②配慮事項があるときは、その"見通し"をつけて、都度、変更していくことを記載する。
　（例：３カ月後の経過をみて再検討を要す）

③診断書がいつまでに必要だという期日を伝える。

　主治医が受け持つ患者はあなただけではありません。日常診療のかたわらで書類などの作成も行なっているのが現状です。伝えたい配慮事項は、付箋やメモなどに記しておき、診察のときに渡しましょう。

> コラム
>
> ## 診断書が必要なときって？
>
> 　生命保険の給付を受けるときに、診断書の発行を病院に依頼したことはありませんか？　病気で会社を休む際や、会社の「私傷病休暇制度」などを利用する際、復職をする際にも、会社から診断書の提出を求められることがあります。
>
> 　診断書は、発行までにかかる時間も費用も病院によってまちまちで、決まりはありません。申請をしてその場ですぐにもらえるケースもあれば、1～2週間程度待つケースもあります。また、発行費用は、病院が定めた書式以外の場合だと（会社独自の書式など）、病院によっては2千円～1万円近くするケースもあります。
>
> 　会社側から提出を求められたときには①診断書が必要な理由、②発行費用は会社が負担をしてくれるのか、③いつまでに必要か、の3点を、事前に確認しておくとよいでしょう。
>
> 　診断書は、休みが必要であることを証明するためのものです。「せっかくの機会だから休みたい」といった理由での診断書の発行は、本来の目的から外れてしまいます。また、長期の離職は、復職や再就職が難しくなるリスクもあることを忘れず、お休みをしている間は、生活のリズムにも注意しましょう。

第4章 AYA世代の就活

小児・AYA世代でがんを経験したあなた。小児がん経験のある子どもを持つあなた。「働くこと」に関して、さまざまな想いや悩みがあることでしょう。まずは、これまでの経験を振り返りながら、それぞれの立場で「社会に出て働く」ことについて想像をふくらませてみましょう。

1　「働くこと」って何だろう？

••• 就労への想い

　小児・AYA世代でがんを経験したあなたにとって、「働くこと」とは何を意味しているでしょうか？　就労経験のある小児がん経験者へインタビュー調査を行なったところ、「生活をするにはお金がかかることがわかった。保険料や年金などにもお金がかかる」、「家にいると考え込んでしまう。外に出るといろいろなことを教えてもらえるし、人と接することもできる」、「晩期合併症があるので、知識を得るために勉強をしなければと思っていた」、「結婚できないかも、と思っていたから手に職をと思った」、「普通に就職できないのではないかと賭けのような気分」などの回答が得られました。人それぞれ異なりますが、就労への想いには自身のがんの経験が大きく影響していることがわかります。

••• 小児がん経験者の想い

　一般青年と小児がん経験者の「自立」に対する意識を比較した調査があります。一般・小児がん経験者ともに7割の人が「お金が必要だから働きたい」と回答していました。

　しかし、小児がん経験者はそれに加え、「地域や社会に役立ちたいから働きたい」「世のなかに貢献できる力があると思う」という回答の割合が高いという特徴が挙げられます。つまり、一般に比べ、仕事を通して社会に「貢献したい」という想いが強い傾向があるのです。

　仕事をするうえで困っていることや不安についての質問には、「困っていることはない」と回答した小児がん経験者は3割（一般は5割）程度でした

が、体力の不安や、人間関係の不安、自分の能力・適性がわからないといった不安を挙げた小児がん経験者は7割程でした。

••• 仲間の存在が働く支えに

社会生活を送るうえで重要なものは、一般では「個人の才能」の回答が5割だったのに比べて、小児がん経験者は6割が「いい友人をもつこと」と回答しています。働くことに対して小児がん経験者特有の不安や悩みなどはあるものの、それをわかち合える仲間の存在が支えになっているようです。

例えば、薄毛や頭部の手術痕など、容姿のコンプレックスを克服することは難しいです。交流会などに参加してみると、同じようにコンプレックスを持っている仲間がどう対応しているかを知るヒントが得られるかもしれません。

また、本来のあなたを面接で出せるように、一緒に考えていく相談機関もありますので（⇒p133参照）、まずは話をしてみるところからはじめましょう。

●webアンケートによる自立に関する意識調査

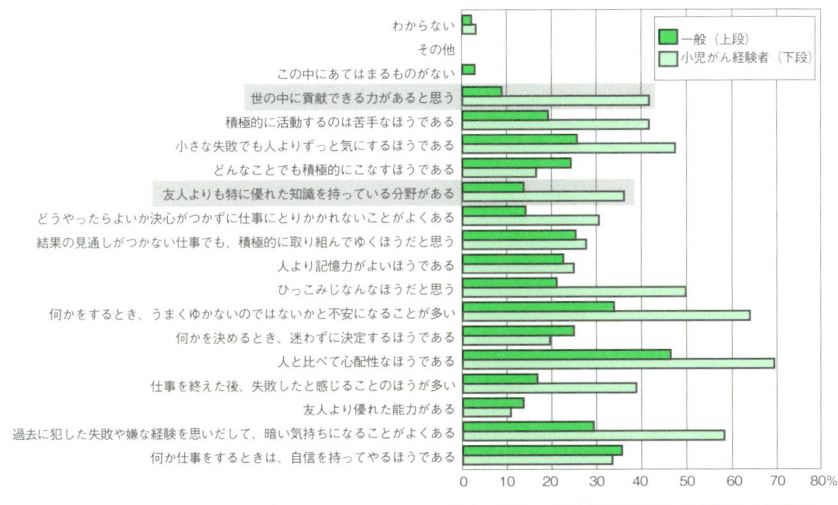

真部班2009年「webアンケートによる自立に関する意識調査」（がんの子どもを守る会）

先輩たちのハローワーク

話すべきか、話さないべきか……
面接を重ねたからこそ出た答えとは？

男性（網膜芽細胞腫）／２歳７カ月／設計事務所
※性別（がんの種類）／診断時の年齢／職種

　現在の私が履歴書を書こうとすると、職歴の欄には入りきらないほどの会社数が挙げられます。フリーター、日雇い、派遣社員、契約社員、正社員とさまざまな雇用形態を経験し、いくつもの会社を渡り歩きました。いまは設計事務所で正社員として働いています。

　私は２歳７カ月のとき、左眼に網膜芽細胞腫を発症し、左眼球摘出手術を受けました。視神経に浸潤があったため、抗がん剤の投与と放射線治療の末、４歳で治療を終了しました。その後は再発なく現在にいたっています。

　就活にあたり、左眼の義眼は大きなハードルでした。面接では、度々義眼について質問を受けましたし、自分からその話をすると不採用になることが多かったように思います。ときには、「なぜ眼帯をしないで面接に来たんだ。眼帯をするのが礼儀だろう」と言われることもありました。そのような対応が多かったため、面接の場で後遺症や通院が必要なことについて伝えるかどうか、悩みながら就活をしていました。

　転職をくり返したのは、体調を崩したり、他の仕事に興味を持ったりしたからですが、転職をする際は、どんなに小さくてもステップアップすることを心がけました。一番の大きな転機は、一級建築士試験に合格したことです。受験当時は潰瘍性大腸炎で入退院をくり返しており、勉強と仕事の両立が難しい時期でした。そのようなときには、体調や環境に合わせて仕事を選択し、残業のない洋菓子工場に派遣社員として勤めました。いろいろ回り道のある職歴ですが、高校生のときに志した建築士という夢を、最後まで貫き通したのがよかったと思います。

　面接をくり返していくうちに、自分の場合、後遺症や通院について会社に話すべきだという答えにたどり着きました。また、それを理解してくれる会社に入社するべきなのです。私の身体は、ストレスが原因と思われる病気をくり返しました。潰瘍性大腸炎や顔面けいれんです。いま現在も、いつ再発するかわからない状態です。そのため、月に１回の鍼治療や、運動をしてストレスを発散するなど、休日は身体のケアに重点を置いています。会社は私たちの健康管理を行なってくれません。自己管理しないといけないのです。オーバーペースにならないよう、客観的に自分を見つめることが大切なようです。

　「がん経験者」と１つにくくられましても、部位や発症年齢でいろいろ異なります。働くことに対しても、それぞれの悩みや苦しみは違います。今後就職されるがん経験者の方たちに、目標とされる存在になれたらいいですね。これが、いまの私の支えになっているようです。

まずは、「自分を知る」ことから！

働き方は、みんなが一律ではありません。自分自身にあった働き方は、すぐに獲得できるものではありませんが、少しずつイメージしながら準備をしていきましょう。

そのための第一歩は、「自分を知る」ことです。まずは、1人で「できること」と「できないこと」を知りましょう。また、自分1人では「できないこと」でも、家族や友だち、主治医をはじめとする医療関係者、小児がん経験者の仲間、支援者の力を必要に応じて借りることで、「できること」に変わるかもしれません。悩んだり、困ったり、立ち止まったりしながら、ゆっくり考えていきましょう。

自分を知るためにしておきたい3つのこと

①これまでをふり返ってみる

何が好きで何が嫌いだったのか、何が得意で何が苦手だったのか、家族や学校の先生、友人などとの関わりを通して、そのとき感じた感情も含めて整理してみましょう。ライフラインチャートも活用してみてください（⇒p10参照）。

②仕事をイメージする

なぜ働きたいのか、仕事に対する価値観、仕事をするうえで大事にしたいこと、取り組んでみたいことを書き出してみましょう。アルバイトなど、これまで働いた経験のある人は、労働時間はどうだったか、仕事内容や職場環境はどうだったか、よかったこと、困ったことを列挙してみましょう。働いた経験のない人は、学校の係などこれまでに

第4章　AYA世代の就活

あった役割を思い浮かべてみましょう。

③**体と気持ちを知る**

いまの体の状況を整理すると同時に、気持ちも整理してみましょう。どんなときに焦ってしまうか、困ってしまうか、その気持ちに対して、自分で対処できる方法（友だちと会う、カラオケに行くなど）も考えてみましょう。つらい気持ちになることもあるので、家族や友人など、信頼できる人と一緒にするのもよいかもしれません。

コラム

小児がんってどんな病気？

　小児がんは、子どもに起こる悪性腫瘍の総称です。体の深いところ（筋肉や骨、血液など）から出てくる「肉腫」とよばれる悪性腫瘍がほとんどで、非常に稀な疾患です。一部の遺伝性の疾病を除けば多くは原因不明です。疾病の性質からも予防ができず、早期発見が難しいのが、成人がんと異なる点です。

　日本では年間約2000～2500人の子どもたちが、新たに小児がんと診断されていますが、さまざまな治療の組み合わせにより、全体で約7割の小児がんの子どもたちが治療を終えることができるようになったといわれています。

　では、「小児がん」とは何歳までの病気なのでしょうか。小児がんは主に"小児期に発症するがん"としていますが、明確な年齢の定義はありません。小児病棟の新患者の対象年齢から15歳未満とされていることもありますし、小児がんの医療助成制度（小児慢性特定疾患治療研究事業）の対象年齢に合わせて18歳未満としていることもあります。

　現在は年齢で区切るのではなく「小児がんと同様の特徴（稀少性かつ多様な疾病）を持ち、成長過程である子どもの時期に起こった病気」として捉え、20歳以上も含むAYA世代のがんと小児がんをひとくくりにして考えることが多くなってきています。

先輩たちのハローワーク

病気の経験があっても「できること」をアピールする

女性（急性リンパ性白血病）／2歳半／スイミング・コーチ
※性別（がんの種類）／診断時の年齢／職種

　2歳半のときに急性リンパ性白血病になりました。発症当時は「痛いところを治すため」とだけを聞かされ、何もわからないまま治療を受けていました。私が治療を受けていた頃は、小児がんが治る時代ではなかったからだと思います。実際に病名の告知を受けたのは、アメリカに住んでいた小学5年生のときでした。しかし、治癒率が向上したいまでも、告知を受けるタイミングはさまざまです。本人や家族の気持ち、年齢や治療の時期がそれぞれ違うことから、いつ頃が適しているかははっきりと言えません。

　私は、高校生になり将来のことを考えはじめた頃から、同時に病気との向き合い方や周囲にどう伝えていくべきなのかを考えるようになりました。入試や就職の際に、病気のことを書くと、不利になってしまうという話が小児がん経験者の集まりで出ていたからです。しかし、病気の経験があってもスポーツができることをアピールしたいという気持ちが強くなったので、四年制の体育大学を目指すことにしました。受験時には小児がん経験者であることも書きました。

　大学生になり、はじめて小児がん経験者であることの壁にぶつかりました。スキューバダイビングをはじめようと入部希望をしたところ、保留とされてしまったのです。この頃、本格的にシンクロナイズドスイミングをはじめ、また小児がん経験者としての活動も積極的に行なっていたので、新聞の取材を受けることがありました。この記事が部の主将・副主将の目に留まり、入部については検討させてほしいと言われました。いまは何も問題がないのに、「小児がん」という言葉を見ただけで拒否され、理解を得られないという現実に戸惑いました。最終的に主治医に診断書を書いていただき、母にも文書を書いてもらったことで入部することができましたが、私自身のなかでは大きな出来事でした。無事に入部できた後には、念願のライセンスを取り、「全日本スポーツダイビング室内選手権大会」のレスキュー部門で2位を取ることができました。

　また、大学在学中から国際小児がん親の会連盟に小児がん経験者として積極的に参加をしていました。数日間、大学を欠席することもありました。その際には小児がん経験者として取り組んでいた活動や国際交流の目的を各授業の先生に説明をして、理解していただけるようにしました。

　現在はかけ持ちをして働いています。私が小児がん経験者であることはスクールの責任者は知っていますが、生徒やその保護者には話をしていません。

　あるときまで「小児がん経験者である自分」と「小児がんとは関係のない自分」とを使い分けていました。年を重ねていくにつれ、その必要がないことに気づき楽になりました。

　今後、がん経験者の就労が少しずつでも前向きに前進する社会になればいいなと思っています。

2 健康管理は大切です！

••• 晩期合併症を理解しておこう

　がんの治療は、化学療法・外科療法・放射線療法・移植治療など、ほとんどが身体に大きな負担がかかる治療を組み合わせて行なわれます。成長過程の子どもに対して行なえば、それらの治療が原因で後遺症が起こる場合もあります。

　これを「晩期合併症」と呼びます。治療終了後すぐに現れることもありますが、多くは5年後、10年後、20年後と年月が経過してから起こってきます。どのような晩期合併症が起こるかは、がんの種類、治療を受けた年齢、内容に関係してきますので、起こりうる晩期合併症をきちんと理解しておくことが大切です。

••• 長期フォローアップ

　小児がん・AYA世代のがん経験者にとって、体と心の健康管理はとても重要です。この治療後の健康管理のことを、「長期フォローアップ」と言います。長期フォローアップの目的は、①リスクの把握②自身の健康管理とリスク予防③晩期合併症の早期発見と適切な対処にあります。

　長期フォローアップは、小児がんの治療をしてくれた主治医をはじめ小児科医が行なっていることが多いですが、内容によっては成人の診療科にかかる方がふさわしいこともあります。また、進学・就職などで、治療をした地域を離れて生活をしている場合には、身近に相談ができる長期フォローアップの窓口を見つけておくことも大事です。

　可能であれば主治医と相談をし、相談した内容、過去の病歴や治療歴など

をまとめておくといいでしょう。日本小児白血病リンパ腫研究グループ（JPLSG）が発行している長期フォローアップ手帳を活用するのも1つの方法です。

　治療を終了してから長期間経った小児がん・AYA世代のがん経験者のなかには、病院や主治医との関係が途絶えてしまって、自身の治療内容や起こりうる晩期合併症、長期フォローアップを受けられる窓口がわからない方もいるかもしれません。そのような場合は、公益財団法人がんの子どもを守る会に相談をしてみてください（⇒p133参照）。

健康管理のために知っておきたい3つのこと

①病名
部位や診断時の転移の状況や、その後の再発の状況などもしっかり把握しておきましょう。

②治療内容
手術内容、化学療法で使われた薬の名前と使用量、放射線照射部位と線量を確認しておきましょう。可能であれば画像も（CDにしてくれる病院もありますので、主治医に聞いてみてください）。

③現在の体調の記録
晩期合併症の状態と服用している薬剤もしくは指摘されている晩期合併症のリスク、月経（女性のみ）の有無と状況、体重の変化、睡眠・食欲・便通の状況や疲労感、動悸、しびれなどの有無を記録しておきましょう。

先輩たちのハローワーク

何かあったときのための自己管理を！

男性（神経芽細胞腫）／１歳４カ月／専門学校講師（保育士養成）
※性別（がんの種類）／診断時の年齢／職種

　私は現在35歳です。１歳４カ月のときに神経芽細胞腫という小児がんに罹りました。病気の影響で子どもの頃は体調を崩すことも多かったのですが、比較的普通の生活を送りました。

　大学卒業時に社会福祉士と保育士の資格を取得し、23歳のときから保育所で働きはじめました。子どもの頃の病気体験があったので、病気の子どもの支援がしたいと思いましたが、保育士としての基本的スキルを得るためにも、まずは健康な子どもを見るべきと思ったことが理由です。

　働きはじめて３年程経った頃から腹痛を起こす頻度が増えましたが、クリニックでは原因が特定できずにいました。27歳のとき、腹痛はより一層酷くなり、大学病院で診てもらったところ「腸閉塞」と診断を受け、即日入院、その後手術となりました。いま思えば、このときの私は自分がこれまで受けた治療のことがよくわかっておらず、説明もできませんでした。

　そして手術が無事に終わり、職場にそのことを電話で報告すると、「あなたは次年度から臨時職です」と言われました。確かに、職場でもっとも忙しい年度末の時期に手術をし、その後１カ月休職し、復帰の目処も立っていませんでしたが、やりきれない気持ちでいっぱいでした。

　結局、退院後は職場に復職することはせず、退職願を出し、実家に帰り療養生活を送りました。その後大学院に進学し、卒業後は、体力面に不安が残るため保育所で再び働こうとは思わず、たまたま実家近くの専門学校で求人が出ていたこともあり、現職に就くことができました。いまの職場では病気のことは誰にも話していませんし、とくに話そうとも思っていません。

　私がいま普通の生活を送れているのは、幸運にもそれほど日常生活に困る症状がないことと、自分の身体を自己管理することができるようになったからだと思います。

　いまは自分に何かあったときのためのファイルを用意しています。そのなかに入っているものは主に以下の３つです

　（１）子どもの頃の治療サマリー（放射線治療や抗がん剤治療の記録）
　（２）大人になってからの治療記録（腸閉塞での手術）
　（３）加入している医療保険と小児がんサバイバーを対象とした共済保険

　がんサバイバーとして大事なことは、サバイバー自身が自分で自分の身を守る意識を持つことです。体調管理に気をつける、かかりつけ医を見つける、治療記録を保管し、家族に伝えるなど、日頃からできることはあります。

　「患者＝弱い存在＝受け身」でよいとは思いません。がん経験者だからこそ生きていく力を身につけていく必要があると思います。がん経験者の生きる力とは、自分の病気をくわしく知ることではないでしょうか。困ったときに自分の病気を人に伝えられる力が、結果として自分の身を守ることにつながるように思います。

3 スタートするのはいつから？

「働くこと」への準備は整ってきましたか？ では、いつ頃から就活をスタートすればよいのでしょうか。

•・• 春採用・秋採用・通年採用とは？

いわゆる新卒採用の場合は、春から夏にかけて内定を出す「春採用」がスタンダードとされています。それに対し、「秋採用」は、夏から秋にかけて行なう採用枠のことです。秋採用は、留学生が増えてきた数年前から、9月卒業の学生向けにはじまったといわれています。

ここ近年は、夏採用や冬採用を行なったり、一斉採用制度を廃止して1年を通して採用活動を行なったりする「通年採用」の企業もあります。採用時期をあまり意識し過ぎずに、思い立ったら即行動してみましょう。

ただ、経団連は企業に対して、採用選考活動の早期化の自粛を呼びかけています。そのため、最近の新卒就活は、採用活動のスタート時期をくり下げる傾向にあります。卒業年によって採用活動がスタートする時期が異なる場合があるので、事前に確認しておくようにしましょう。

•・• 新卒・既卒・第二新卒・転職の違いは？

求人情報には、「既卒」「第二新卒」という言葉が出てきます。「新卒」や「転職」とは異なる意味で使われているこの2つの言葉について理解しておきましょう。「既卒」は、学校を卒業したけれども一度も正社員として就職していない人を意味します。「第二新卒」は、卒業後就職をしたものの、3年以内に離職した若年求職者を指します。第二新卒は社会人経験があるため、新卒や既卒に比べてビジネスマナーができているという点で、企業は採用する

メリットを感じています。「転職」は、経験者の中途採用のことで、即戦力が求められるため、基本的には卒業後3年以上の社会人経験がある人を対象としていることが多いです。

　たくさんある求人情報のうち、求人の対象と自分が合致しているかを見極めていきましょう。

●•• はじめの一歩を踏み出すために……

　小児がん経験者の就労の課題はさまざまです（下記参照）。それぞれの課題に応じたサービスの活用が重要になる場合もあります。

　まず、自分の課題は何かを整理してみましょう。

●就労の課題

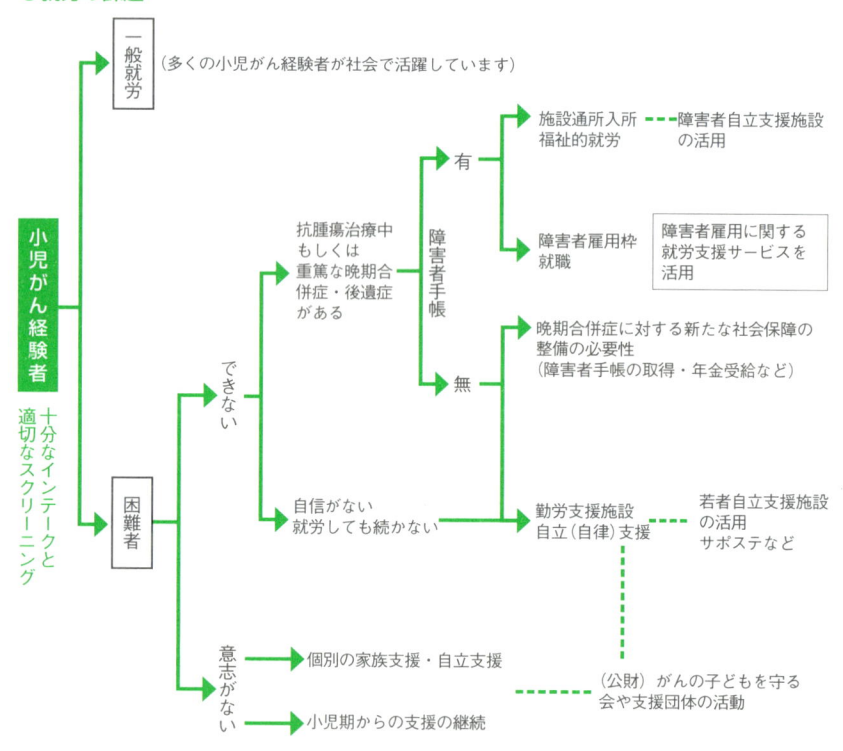

小児がん経験者（十分なインテークと適切なスクリーニング）

- 一般就労（多くの小児がん経験者が社会で活躍しています）
- 困難者
  - できない
    - 抗腫瘍治療中もしくは重篤な晩期合併症・後遺症がある
      - 障害者手帳 有
        - 施設通所入所 福祉的就労 ━━ 障害者自立支援施設の活用
        - 障害者雇用枠就職 ━━ 障害者雇用に関する就労支援サービスを活用
      - 障害者手帳 無
        - 晩期合併症に対する新たな社会保障の整備の必要性（障害者手帳の取得・年金受給など）
    - 自信がない 就労しても続かない
      - 勤労支援施設 自立（自律）支援 ━━ 若者自立支援施設の活用 サポステなど
  - 意志がない
    - 個別の家族支援・自立支援
    - 小児期からの支援の継続
    - （公財）がんの子どもを守る会や支援団体の活動

94

●●● まずはエントリー

　企業にエントリーすることは、就活のスタートラインに立つことです。しっかりとアンテナを張っておき、出遅れないようにしましょう。企業としても、募集要項を公開してすぐにエントリーしてきた学生には、積極性や意欲を感じるものです。

　企業によっては、志望動機や自己PR、自由記載欄を記入しないとエントリーが完了できないところもあります。エントリー内容が直接、選考の材料になることもありますので、スピード感を大切にしつつも、適当な印象を与えないようしっかりと記入しましょう。

●●● 新卒の場合は？　エントリーシート

　職務経歴のない新卒の場合は、企業にエントリーシートを提出することからはじまります。各企業により書式はさまざまですが、「学生時代に力を入れたこと」や「仕事で活かせる強み・特徴」といった自己PRなどを記載します。

　自己PRを書く際、病気のことは外せないということであれば、プラスの体験やあなたの強みになるように書きましょう。ただし、企業が病気のことをマイナスに捉える可能性もあるので、伝えるタイミングには注意しましょう。

4　就職課（キャリアセンター）を使おう

　求人の探し方は、インターネットの就活サイトを利用するなどいくつか方法がありますが（⇒p48参照）、ここでは就職課（キャリアセンター）を紹介します。

●●● 意外と身近な相談相手

　各大学には、自校の学生の就職支援を行なうために就職課が設置されています。学内にあるので、授業の合間などでもすぐに行くことができ、時間もコストもかからない便利な場所です。

　大学にとっても就職率はとても重要ですので、就職課には就活やキャリア支援の専門家を配置して、いつでも相談に応じられるよう体制を整えています。就活を開始する学生だけでなく、他の学年、大学院生、卒業生の就職相談も受け入れていますので、利用してみましょう。

就職課の主な支援内容

・就職・進路相談業務

・求人情報の提供

・就職ガイダンス、就職筆記試験、面接対策講座、各種セミナーの実施

・公務員試験・資格対策

・インターンシップ関連業務

・図書の貸出、資料閲覧　など

●●● キャリアカウンセラーに相談する

　キャリアカウンセラーは、就活での悩みに対して、相談に乗ってくれる心

強い味方です。とくに大学に所属しているキャリアカウンセラーの多くは、学生の就活を長年支援してきた経験を持っています。

　履歴書の書き方、エントリーシート対策、面接対策などだけでなく、「やりたいことが見つからない」などの不安や悩みを相談することもできます。

　病気を抱えながらの就活についても、あなたが一歩を踏み出せるよう支援してくれることでしょう。

••• 学内イベントに参加する

　これから就活をはじめるというのであれば、まずは、学内の就職ガイダンスや企業説明会などに参加してみましょう。各大学の就職課では、先輩たちの実績を踏まえ、ガイダンスや対策講座などのイベントを企画し、実施しています。

　インターネットの情報だけを鵜呑みにして就活を行なうよりも、大学の就職課で実施している筆記試験対策や面接対策に参加し、より具体的な対策を行なうことも大切です。

••• 求人を紹介してもらう

　就職課には、各企業から学内向けの求人が届きます。個別に、大学に求人票を送るということは、その大学の学生を取ろうとする意思があるということです。リクナビ、マイナビも重要な求人情報ツールではありますが、不特定多数を対象としています。それに比べると大学に届く求人票は、ネットの求人より応募者数が少ない、チャンスが広がるなどメリットがあります。1つの求人情報チャネルとして持っておきましょう。

また、研究室やゼミの指導教官や先輩からのつてで就職が決まる場合もあります。研究室やゼミで成果を残しておいたり、人間関係を良好にしておくなど、日頃から信頼関係をつくっておくことが大切です。

••• OB・OG訪問をしてみよう

　OB・OG訪問をする目的は、志望会社の理解を深めたり、すでに社会人となっている先輩から仕事全般に関する理解を深めたりすることです。

　ほとんどの就職課では、各企業から送られてきたOB・OG名簿がファイリングされています。希望する企業に自分の大学の先輩がいた場合、積極的に連絡をとって、OB・OG訪問をしてみましょう。職場の様子などを尋ねてみるのもよいでしょう。

・研究室やゼミ、サークルの友人・先輩などのつてから、希望企業の人を紹介してもらう
・身近なつてからOB・OGが見つからなかった場合、企業の人事担当に直接連絡をしてOB・OG訪問をさせてもらう

5　インターンシップ制度を活用しよう

•••インターンシップ制度とは

　インターンシップとは、学生が在学中に企業などにおいて、自らの専攻や将来のキャリアに関連した就業体験を行なうことです。学生が「自分にはどんな仕事が向いているか」「将来どのような職業人生を送っていきたいか」について考える機会となります。さらに、就職後、自分がどのように働くのか具体的にイメージすることもできます。

　対象学生は、主に大学2年生や3年生ですが、正社員就業経験のない既卒者向けのインターンシップを実施している企業もあります。

　就職に向けて何からはじめてよいかわからないとき、一歩目を踏み出すためにインターンシップを活用してみるのもよいでしょう。

•••参加するにあたっての心構え

　インターンシップは、仕事の現場を実際に体験できるチャンスです。実りある体験にするためには、しっかりと目的を持って参加することが大切です。甘い気持ちや浮ついた気持ちでの参加は自分のためにならないばかりか、企業側に迷惑をかけてしまうことになります。

　最近は、参加者が増えてきたため、インターンシップにも選考を設ける企業が多くなっています。「やる気」や「目的意識」を持って応募しましょう。

　また、参加する前には、インターンシップ先の企業概要、具体的な仕事の内容、業界などを研究しておきましょう。

インターンシップの探し方

　インターンシップには、主に学校経由で応募できるものと就職情報サイト経由のものとがあります。学校経由のものですと、1週間以上と比較的長期間のものが多く、単位として認定されることもあるようです。くわしくは、学校の就職課（キャリアセンター）で確認しましょう。
　各種就職情報サイトでも、インターンシップ情報を掲載していますので、チェックしてみましょう。

インターンシップでの服装・マナー

　学生ではありますが、企業のなかでは、一社会人としての振る舞いが求められます。言葉遣い、礼儀・礼節、身だしなみなど社会人としてのマナーをしっかり身につけて臨んでください。インターンシップ参加者に向けて、基本的なビジネスマナーについて講座を実施している大学もあります。
　服装は、原則スーツがよいでしょう。ただし、企業から私服でと言われた場合は、企業の雰囲気に合わせ、あくまでも社会人としてふさわしい服装を選んでください。
　何か困ったことがあれば、就職課に相談しましょう。また、就職情報サイトなどで、インターンシップでの服装やマナーについて情報提供していますので、それらを参考にしてもよいでしょう。

コラム

インターンシップに興味があるあなたへ

　これまでに、キャンサー・ソリューションズ／HOPEプロジェクトでは、小児・AYA世代のがん経験者3名をインターンとして迎えてきました。週1～2回の出社を基本として、期間は3カ月～半年間。業務はDMの発送や資料整理、データ入力などの事務作業が主でしたが、アンケート調査の集計と分析、ときには企画の打ち合わせに同行してもらうこともありました。

　3名とも社会人経験はありましたが、慣れない作業やはじめて関わる業務などに苦労することが多かったようです。なかには思うようにことが進まず、悔し涙を流すインターンもいました。でも、得意分野になるとイキイキと手を動かす姿がとても印象的でした。

　すべてのインターン生に共通していたのは、「ホウレンソウ」が不足していた点です。業務の進行状況を「報告（ホウ）／連絡（レン）」する。わからないことがあれば、きちんと「相談（ソウ）」する。わかったつもりで「はい」と返事をしてしまうのは要注意です。なぜなら、こちらも「では、すべてまかせて大丈夫だ！」と安心してしまうから。不明な点や疑問に感じることがあれば、その場で聞く勇気も持ってください。

　インターンの期間は限られています。せっかく得たチャンスですから、「恥ずかしいから……」「忙しそうだから……」という思いは捨てて、どんどん周囲とコミュニケーションを取ってください！　何ごとにも一歩踏み出して、チャレンジしてみませんか？

　失敗しても大丈夫！　人生に「無駄な経験」など、1つもありません。これから社会で活躍していくためにも、「ホウレンソウ」を忘れずに、1つの仕事を最後までやり抜く責任感を持ちながら、さまざまなことを吸収してほしいと願っています。

キャンサー・ソリューションズ（株）
イベント・プランニング担当

6　晩期合併症とともに働く

••• 晩期合併症とのつき合い方

　晩期合併症は、あなたが働く際、どのように影響してくるでしょうか。後遺症や晩期合併症を抱えながら働くときの心構えとして何よりも大事なことは、自分の状況を知っておくことです。就労前に、自分の晩期合併症の今後の見通しについて主治医と相談をしておくとよいでしょう。

　また、必要な治療についても、通院の必要性・頻度や要する時間（休暇を取らないといけないのか）、服薬の必要性（服薬するうえでの配慮が必要か）、入院の可能性があるか、体力や機能面での障がいがあるのか（業務の制限があるのか）など、実際に働くことをイメージしながら注意事項や対処方法を考えていきましょう。仕事をするうえでの注意事項の確認ができます。

晩期合併症とともに働く3つのステップ

①自分の晩期合併症の確認
一般的なものではなく、自身の晩期合併症の現在の状況と今後の見通しを確認しておきましょう。通院日のタイミングなども改めて主治医と相談してみるといいかもしれません。

②晩期合併症の仕事への影響の確認
晩期合併症や服薬の影響で疲れやすさがあるか、体調を崩しやすいか、病状が悪化する要因は何か、兆候はどのようなものがあるのか、気をつける対処方法があるのかなどをまとめておきましょう。

③**仕事内容の検討**

仕事の強度（デスクワーク、運転業務、軽作業、重い物や高いところの荷物の取り扱いなど）、仕事のスピード（自分のペースでできる、急ぐ納期があるなど）、仕事環境（バリアフリー、室温や明るさ、ほこりっぽさなど）といった内容を確認しましょう。また、勤務日数、労働時間や休憩時間の頻度、出勤時間と通勤形態や方法、休暇制度（万が一、入院治療が必要になった場合）など、職場が現在どのような制度・規則なのか書き出して整理してみます。そのうえで、職場に配慮してもらいたいことは何か、自分の工夫でできることはないかを考えてみましょう。

••• 病名や晩期合併症のことはどこまで話す？

「就職時に自分の病気のことをきちんと説明すべきだった」と語る小児がん経験者がいました。くわしく伝えていなかったため、受診の際に休みづらく、自分の身をどうやって守ったらよいのかわからなかったそうです。病名を隠して働くことでストレスになる場合もあるかもしれません。

病名を伝えると就職に不利になるかもしれないという不安もあると思います。しかし、伝えないことのデメリットについても考えたうえで、伝えるか、伝えないかの判断をしましょう（⇒p32、p73参照）。

伝える場合は、「できないこと」ではなく「できること」に着目して自分の可能性を考えることです。職場や相手に求めるばかりではなく、自分が職場や同僚に対して「できること」を考えるのも大事です。

職場が知りたいのは、あなたに何ができるかということです。職場は仕事をする場。病名や受けてきた治療、闘病生活などは職場では関係ありません。後遺症や晩期合併症などが理由で、働く際に配慮が必要なことは、医師から

の情報をもとに的確に伝えましょう。

••• 病状を伝えてもうまくいかないときは？

職場に後遺症や晩期合併症があると伝えているのにわかってくれない、という声もよく聞きます。職場の人に病気について理解してもらうのは難しいものです。後遺症や晩期合併症などが、仕事をするうえでどの程度の影響があり、どのような配慮が必要なのかをくり返し伝えるようにしましょう。

また、配慮してもらえたときには、きちんと感謝を伝えていくことも、職場の理解につながるでしょう。それでも配慮をされない、状況が変わらないようでしたら、労働相談や社会保険労務士に助言を求めるのもいいでしょう。

家族や病院の先生とは違って、職場の人たちにとって小児がんは未知のものです。十分に病気の理解を得るのは難しいかもしれませんが、働きたいという想いと仕事への真摯な姿勢を見せながら、理解してもらいたいことを整理し、継続して伝えていくことで、理解を得られるようになるかもしれません（⇒p 133参照）。

••• 職場に定着するためには……

職場の雰囲気になじめなかったり、周囲の輪に入っていくことができず、職場に定着することが難しいという方もいるかもしれません。

後遺症や晩期合併症によって生じる「できないこと」や、そのためにどのような配慮が必要なのかを伝えることは大事ですが、それ以上に、自分が「できること」を発信していくことも大切です。周囲に積極的に話しかけ、自分のことを伝えていくことで、職場にとけこんでいきましょう。

また、小児がん経験者の就労に関する悩みや課題として、ストレス耐性の弱さや人間関係を構築するのが不得手なことが挙げられます。これは、コミュニケーション・スキルを身につける幼少期や思春期に治療を受けているため、

社会性が育っていないことが指摘されています。

　一足飛びに就労を目指すのではなく、まずは自分自身のことを知り、人との関わり方を学びながら、時間をかけてステップアップしていくことが大切です。公益財団法人がんの子どもを守る会でも、この段階を踏んだ支援事業を展開していますが、若者自立支援事業、難病支援センターをはじめとした支援団体も地域でさまざまな取り組みをしています。

　一般社団法人CSRプロジェクトでも無料の電話相談を実施していますので、困ったときはぜひご相談ください（⇒p 133参照）。

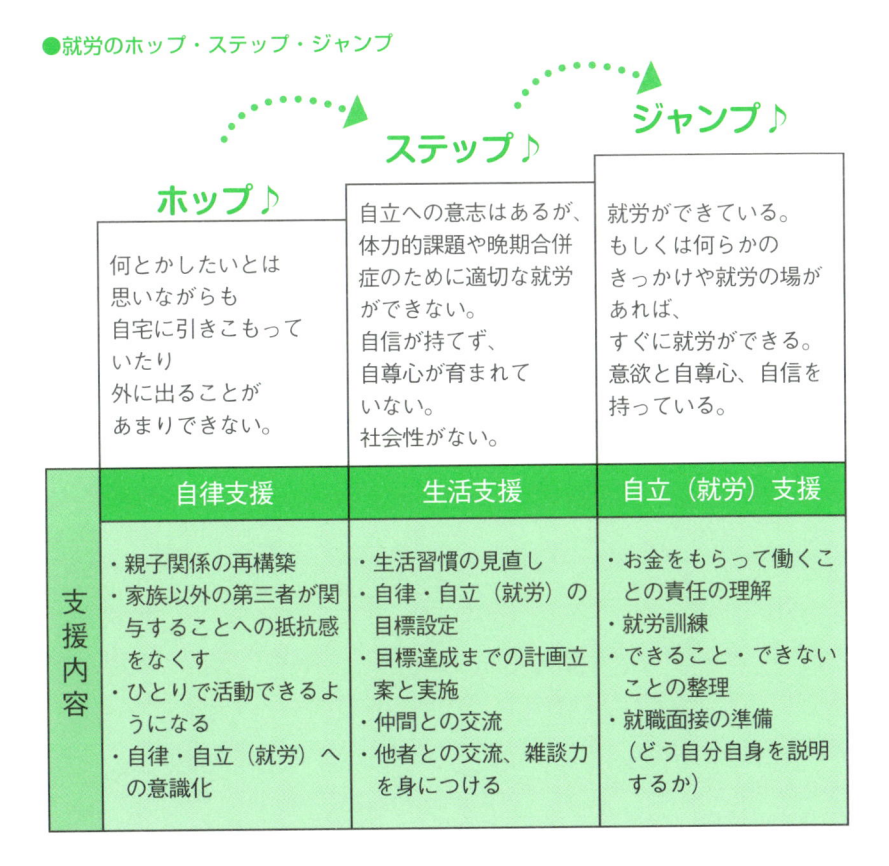

●就労のホップ・ステップ・ジャンプ

ホップ♪
何とかしたいとは思いながらも自宅に引きこもっていたり外に出ることがあまりできない。

ステップ♪
自立への意志はあるが、体力的課題や晩期合併症のために適切な就労ができない。
自信が持てず、自尊心が育まれていない。
社会性がない。

ジャンプ♪
就労ができている。
もしくは何らかのきっかけや就労の場があれば、すぐに就労ができる。
意欲と自尊心、自信を持っている。

	自律支援	生活支援	自立（就労）支援
支援内容	・親子関係の再構築 ・家族以外の第三者が関与することへの抵抗感をなくす ・ひとりで活動できるようになる ・自律・自立（就労）への意識化	・生活習慣の見直し ・自律・自立（就労）の目標設定 ・目標達成までの計画立案と実施 ・仲間との交流 ・他者との交流、雑談力を身につける	・お金をもらって働くことの責任の理解 ・就労訓練 ・できること・できないことの整理 ・就職面接の準備（どう自分自身を説明するか）

••• 障害者手帳について

　自分にとって何が必要か、活用できる社会資源（抱えている課題を解決するサービスの総称です。公的なものだけではなく、民間の支援者なども含まれます）はあるか、どうしたらサービスを受けることができるのかなども、整理して、まとめてみましょう。障害者手帳（身体・精神）を取得し、福祉的就労や障害者雇用枠などの支援事業を活用したり、医療費や年金受給などの経済的サービスを利用することも一例です。地域や個人のニーズによって、該当しない場合もありますので、迷ったり困ったりしたときには病院のソーシャルワーカーや、「がんの子どもを守る会」のような患者家族会に相談をしながら、情報を収集してみましょう。

7 保護者だからこそ、できること

　闘病中からともに歩んできた保護者や家族にとっては、小児・AYA世代のがんの子どもはいつまでも守り、支えていかなくてはならない存在になりがちです。彼らに必要以上の重荷を負わせたくない、彼らの経験を理解してくれる職場に就職させたいという想いが強くなってしまいます。これまでのつらさを共有しているからこそ、自分のことのように捉えてしまうのは当然のことかもしれません。また、小児がん経験者自身も同じように、自分が原因で両親に迷惑をかけていると思ってしまい、遠慮しあってコミュニケーションが遠回りになりがちです。

　親離れ・子離れは常に大きな課題ではありますが、就労支援の1つに保護者への支援の必要性も着目されはじめています。

● webアンケートによる自立に関する意識調査

① うちの子はひとりでやっていける

② 社会はうちの子に厳しすぎる

③ うちの子は結婚できない

④ うちの子は親がいないと心配だ

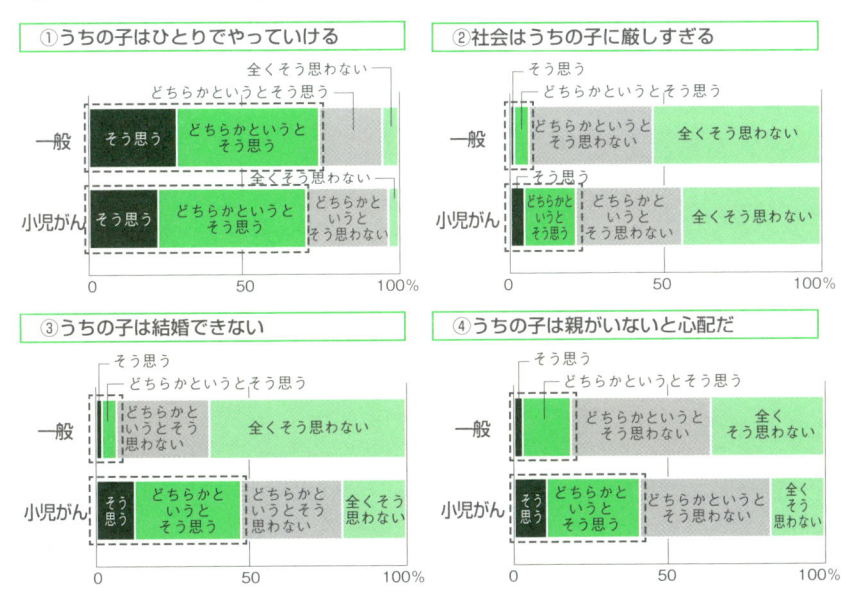

真部班 2009年「webアンケートによる自立に関する意識調査」（がんの子どもを守る会）

●●● 保護者の想い

　一般青年と小児がん経験者を比較した自立の調査では、どちらの親も同程度の比率で「うちの子は1人でやっていける」と思っています。しかし、107ページの図にあるように「社会は厳しすぎる」「うちの子は結婚できない」「うちの子は親がいないと心配だ」と思っている親は、一般より小児がん経験者の親の方、とくに脳腫瘍のように後遺症・晩期合併症が複数ある親に多い傾向がありました。また、子どもに対してできれば働いてほしいという意向は一般の親同様にあるものの、それを本人には伝えていない人が多いようです。小児がん経験者の親は一般の親より、子どもが働いていないことを焦っておらず、また、仕事をしていない理由を本人のせいだと思っていない傾向もみられました。

　小児がん経験者の親は、大きな疾患を経験した子どもに対して、「ハンディがあり、親が守っていかなければ」と過保護になる気持ちと、「その経験があるからこそ、社会で活躍ができるはず。活躍してほしい」という期待感との両面を持っているのです。

●●● 保護者として……

　これまでの闘病のつらさを思うと不憫で、つい甘くしてしまいがちです。親ですから、子どもに苦労やつらい想いをさせたくないと考えるのは当然です。大病を乗り越え、その後も後遺症や晩期合併症のリスクを抱えながら人生を送っていかなければならないことを思うと、手伝ってあげたいと思うことも自然なことといえます。

　しかし、いつかかならず、子どもは自分自身の力で道を切り開いていかなければならなくなります。その力はすぐにはつくものではありません。幼いうちから、保護者が子どものためにしていること（病院や学校の先生との話

し合いなど）の過程を常に見せ、何をしているかを伝えていきましょう。はじめは保護者と相談しながらでも、次第に子ども自身が決定・実行していけるようにバトンタッチすることが必要です。

> **Q.** 大学3年生の子どもが就活中です。大学側から指導を受けたり、同級生たちと相談しながら就活をしているようですが、小児がんの既往歴は不利になるのではないでしょうか。小児がん経験者を受け入れてくれる企業はあるのでしょうか？

> **A.** お子さん本人は、小児がんだったことをどう考えているのでしょうか。質問文から察すると、きっと就職に関して本人の希望があり、周囲の人に相談をしながら自分自身の力で頑張っていらっしゃるのではないでしょうか。親御さんの気持ちは十分にわかりますが、ここは見守って（それが一番大変な作業ですが）、陰ながら支えになってあげてください。ここで苦労をしたり、失敗をしたりすることも、本人にとってはいい経験になります。
> 　企業は既往歴だけを見て合否を判断するわけではありません。一緒に働いていきたいと思う人を採用します。なぜ働きたいのか、何をしたいのか、小児がんの経験も含め、ご本人の魅力が伝えられるといいですね。

••• あなたの「道」も、あきらめないで！

　子どもの発病をきっかけに、やむを得ず会社を辞める保護者は少なくないでしょう。子どもにとって一番身近な存在は保護者です。看護や養育につきっきりで、働き続けるという選択肢を考える余裕もなかったかもしれません。

　就労先の規則や雇用形態によって異なりますが、家族の看護などで取得できる休暇制度や、企業によって活用できる独自の制度などもあります。仕事を辞めてしまう前に、休業が可能か、勤務形態の配慮が可能かなどを職場の担当課や社会保険労務士に相談してみるのもいいでしょう（⇒p133参照）。

　診断後から治療はじめの頃は、病気の理解、治療の選択、生活の変化、つき添いや病状の変化にともなう看護と養育で、ご自身の就労について考えたり相談したりする余裕もないと思います。まずは、活用できる制度があれば休業して、落ち着いた頃に、先のことを相談してみるのもいいかもしれません。

保護者の方へ

子ども1人ひとりに合った教育の機会を

　子どもたちにとって保育園や幼稚園、学校は「社会」そのものです。小児がん経験者の自立には、子どもの発達や特性に合わせて、適切な支援をしていくことが重要です。

　治療中の教育は、病院や地域によっても異なりますが、小・中学校に通う子どもの場合、大きくわけて院内学級と訪問教育の2種類があります。入院した病院の医療スタッフに確認をして、手続きすることができます。私学や高校生の場合は転籍や制度不足の問題もありますが、最近では、ICT（パソコンやDVD教材など）を活用した受講なども検討されています。学校に配置されている特別支援コーディネーターに相談するのがいいでしょう。

　治療によっては、身体や発達・認知機能に影響を与える場合があります。障がいがあっても、本人の意思や学校の設備などの状況を踏まえて、通級（普通学級に在籍しながら、障がいに応じた特別な支援を受けられる制度）や特別支援学級など、子どもに合わせて学ぶ場を柔軟に変更することが可能です。また、視野や認知などに生活のしづらさを抱えている子は、特別支援学校という選択が可能な場合があります。特別支援学校の高等部では、職場実習推進事業なども取り組まれており、就学の先の就労支援へとつなげていくことができます。

　それぞれの教育の特性を知ったうえで、子どもに合った就学先を選ぶのがいいでしょう。また、学齢期には、地域の療育センターを活用し、子どもの特性に合わせた生活訓練・指導を受けながら自立を図っていくことも大切です。子ども1人ひとりの特性や発達に合わせた教育の機会を与えることが、がんだけでなく、さまざまな事情を抱える子どもたちの未来へとつながっていくのではないでしょうか。

先輩たちのハローワーク

親だけで抱え込まず、助けを求めて！

40代・女性（小児がん経験者の親）／職種：訪問看護師

　息子が白血病に罹患したのは1歳のときです。当時私はT大学大学院に在籍していましたが、育休のため休学中でした。急性リンパ性白血病は当時8割の治癒率でしたが、一人息子が生死に直結する病気に罹ったということで、ショックは大きかったです。また、息子の発病に早く気づけなかったという後悔と罪悪感が自分を苦しめました。当時、大学院を辞めようかとも考えましたが、精神が不安定なときに重大な決断をしない方がよいと思いとどまり、休学期間を伸ばすことを決断しました。結果として、休学2年と在学2年、延長1年を使い、卒業しました。

　息子は1年間の入院治療と1年間の外来治療が必要でした。授乳をしていたため、入院期間中は私もつき添い、小児用ベッドに一緒に寝ていました。つき添い中は、夫、親姉弟、看護師仲間、友だち、ママ友に連絡し、自分の食事や洗濯を頼むなど多くの人に助けてもらいました。

　息子が幼稚園に通っているときに大学院に復学しましたが、息子は熱や病気などで幼稚園を休むことも多く、勉強をしたくてもできない、気持ち的に余裕がない状況でした。大学院では教授や大学院生に息子の病気について話し、協力してもらいながら、小児がん経験者の就労について研究しました。小児がん経験者が働きやすい社会の実現を望んでいます。

　「子どもの1年は大人の5年に値する」との考えから、修士課程修了後は博士課程には進学せず、子どもとの時間を大切に過ごすようにしました。子どもに体力をつけるため、幼稚園の後、近所の公園で遊んだり、私自身も、体力をつけるためにウォーキングを開始しました。体力がつくと気力も満ちるようで、知人の会社の医療コーディネーターのアルバイトをはじめたり、その後週3日程度の看護師のアルバイトをしたりと、働くことへの意欲が湧きはじめました。

　息子が小学生になると、PTAの友人から診療所の職場を紹介され、現在は同系列の訪問看護師として働いています。週3日のパートからのスタートでしたが、息子の成長とともに就労時間を増やしていき、現在は正社員として働いています。復職にあたり、他大学で行なわれていた看護師のキャリア再開発研修に参加し、医学的な知識を得ました。

　私が一番困ったのは、やるべきことがすぐにできないといった、気力低下の状態が数年続いたことです。体力をつけるために、スポーツジムに通ったり、PTAのクラブに参加したりするなど、運動を続けました。またPTA副会長や朝読書に参加するなど、学校と関わりを持つことで、息子の成長を身近に感じることができ、それが意欲の向上にもつながりました。

　発症から10年経過しましたが、晩期合併症もなく、息子は今年中学生になります。子どもが病むと親も病むものだと実感しました。子どもの治療・成長に沿って無理のない範囲で働くこと、親だけで抱え込まず、助けを求めることも大事だと思います。

第5章 働きはじめたら

　新たな職場、新たな環境で働いていくには、先輩サバイバー達の経験と知恵が心強い味方となってくれます。周囲と上手にコミュニケーションを取り、心と身体のバランスを保ちながら、がんと一緒に「あなたらしく」働いていきましょう。

1　職場でのコミュニケーション

　就活を乗り越え、入社が決まりました。しかし、そこがゴールではありません。あなたはいま、新たな職場に自分の居場所をつくるスタートラインに立ったところです。働きやすい、居心地よい職場をつくる努力がこれから必要になります。

●●● 最初が肝心

　中途入社の方に注意してほしいのは、「仕事のやり方について以前の職場と比べない」ということです。企業風土や仕事の流儀は、会社によってさまざまです。まずは配属された部署での仕事を1日も早く覚えましょう。

　あなたから見て「非常に不合理」と思える仕事の手順や業務分担だったとしても、その会社で行なわれている仕事のやり方に習熟しましょう。もしかしたら、その会社ではそのやり方が合理的な手順なのかもしれません。これまでのキャリアや常識は横に置き、観察してみましょう。変えていくことがあったとしても、まずは自分で実際に取り組むことが肝心です。

　それよりも、同僚や上司、業者の方々といった、一緒に仕事をする人たちとの距離を縮めるために尽力しましょう。明るい声できちんとあいさつする、笑顔で返事をする、といった当たり前のことの積み重ねが大切です。最初の1日、1週間、1カ月……と、あなたに対する見方がじょじょに固まっていきます。「最初が肝心」という言葉を忘れないでください。

　小児・AYA世代の入社でも同じことがいえます。会社にはそれぞれのルールがあります。わからないことはきちんと聞く、忘れてしまいそうなことはメモを取る、報告をする。積極的にコミュニケーションをとり、自分の居場所は自分でつくっていきましょう。

●●● がんのこと、どこまで伝えるの？

　これまでにも何度かお話ししましたが、がんを経験した人にとって、病気のことを伝えるかどうか、ということは非常に大きな問題です。実際多くの方が悩んでいます。

　この問題を考える前に、まずは、自分の人生のなかでの病気の「オキドコロ」を整理してみましょう（⇒p10参照）。自分のなかの「がん経験」のオキドコロは人それぞれです。たった1つの「正解」があるわけではありません。ある時点での、自分にとっての正解が、時間の経過や状況によって変わってくるかもしれません。「〇〇である」と考える必要はないのです。

　「オキドコロ」を整理したうえで、伝える・伝えない、を考えます。病気のことをある程度、会社に伝える必要がある場合もあります。例えば、定期的に通院が予定されていて、休暇が必要な場合や、仕事上の制限事項がある（長時間の立ち仕事ができない、重たいものが持てない）など、何らかの配慮が必要な場合です。このような配慮を会社に望む場合は、理解が得られるような説明が必要です。その際、あなたが伝えようとしていることと、会社が知りたいことは、しばしば異なることがあります。会社としては、かならずしも「病名」が必要なのではなく、あなたが業務を遂行するうえで「どんな配慮が必要か」なのです。会社が知りたいことを具体的に伝えることが、配慮を引き出す「かぎ」になります。

コラム

情報公開は、ほどほどに！

　37歳での乳がんの告知。当時は設計事務所でコンサルタントとして勤務をしていました。職場の健診で判明したので、上司や同僚には、経過を逐一報告しましたが、「病気」というはじめての大事件だったので、悲愴な雰囲気が漂いました。

　ものづくりの現場は、さまざまなクライアントとの協働作業です。主任というポジションにいたので、クライアントには担当変更のお詫びとあいさつまわりに勤しみました。全部で8社ほど。このスケジュール調整が大変で、手術日も予定から一週間延期になりました。

　会議の席では、「申し訳ありませんが、担当を変更します」と私から報告。当然相手は「なぜ？」となります。いま、思えば、「ちょっと入院をすることになって……」と状況を伝えればよかったのですが、気が動転していたのか、気持ちが高揚していたのか、「私、乳がんの手術をするのです！」と自分から部位も病名も積極的に公表しました。相手も「それは一大事！」となり、引き継ぎはスムーズに終了しましたが、復職後のあいさつまわりでは、「どちら側？」とか「治ってよかったね」とか「早期発見でしょ？」など、答えにくい質問もされました。

　いまなら切り返せますが、当時はそんな気力なく。「男ばかりの業界で女性特有のがんを伝える」って、ものすごく難しい！　と痛感しました。

　教訓として、業務以外ではそれほど親密な関係ではない方への情報公開はほどほどにし、信頼できる人にはきちんと伝えるなど、使い分けをするとよいと思います。言い過ぎは復職時の重荷にもなるので、注意です！

（診断時30代　女性：乳がん　会社員）

2　上司とのコミュニケーションがポイント！

　企業など組織で仕事をしていくうえで、上司、とくに直属の上司は非常に重要なキーパーソンになります。

　大抵の場合、会社などの組織は縦の「ライン」によってつくられています。社長をトップにして、役員、本部長、部長、課長、係長、役職なしの社員といった上下関係があります。そのなかで自分より上の立場にある人を上司といいます。直属の上司とは、あなたに仕事の指示を出したり指導をしたりする、一番近い距離にいる人です。

　派遣社員の場合、少し話は違ってきます。派遣先であなたに指示を出す人が直属の上司に相当しますが、派遣先と派遣元の二重の関係にあるため、派遣元への連絡調整も必要となります。

●●● 上司から理解や協力を引き出すためには？

　これから気持ちよく仕事をしていくうえでは、直属の上司との関係が、非常に重要になります。直属の上司は、あなたの仕事や会社生活にもっとも影響を与える存在です。そのため、この上司から理解や協力を引き出すことが重要です。

　では、直属の上司から理解や協力を引き出すためにはどうしたらよいでしょうか。

　「上司」と一言で言っても、いろいろな人がいます。理解があり、率先して部下の面倒を見る「理想の上司」もいれば、「上」にはいい顔をして部下には厳しい上司、責任を取りたがらず、すべて部下に押しつける上司もいるかもしれません。しかし、あなたがどんなに「無能」「ダメ」上司と思ったところで、上司であることには変わりない、ということも会社生活において

は受け止めなければならない事実です。

　そんなときには、自分にとって一番大切なことを思い出しましょう。いま、あなたは、自分の身を守りながら、これからもこの会社で快適に働き続けていきたいと思っています。そうであれば、相手がどんな上司であろうとも、自分が必要とする配慮や理解を得ていかなければなりません。苦労はしますが、頑張りどきでもあります。焦らず割りきっていきましょう。

・・・ 上司も人間です

　会社生活で忘れがちなことは、上司も人間だということ。仮に、いまの上司からなかなか理解が得られず苦しい立場に置かれているとします。いったん、自分のことを横において、もし、自分が「上司」の立場だったら、と考えてみてください。どういうふうに部下に言ってもらうと嬉しいですか。あるいは、部下が病気を抱えて配慮や理解を望んでいる場合、どう伝えてもらったら、協力しようと思いますか。

　上司は上司で立場や悩みがあります。上司にはそのまた上司がおり、日々、多くの業務や目標に追われています。あなた自身、いまものすごく大変な思いや悩みを抱えながら仕事をしているとしても、それとは別に、上司もいろいろな事情があることを心の片隅で覚えておいてください。それだけであなたの発言は、以前とは少し違ったものになるはずです。

コラム

誤解は放置しないことが肝心！

　乳がんが見つかったのは35歳のとき。新聞記者でした。結果を聞いた直後に電話で上司に報告すると、思った以上の大騒ぎに。その日のうちに担当業務をすべて外れることが決まってしまいました。まわりのショックに私自身がついて行けず、寂しくなったのは事実ですが、その後の抗がん剤治療を、会社を休んで受ける踏ん切りがついたのも確かです。

　休職中、会社にはちょこちょこ顔を出していました。ある日、私が以前いた地方から異動してきた先輩に再会。「意外と普通だね」と声をかけられました。そのときは流しましたが、数カ月後に聞いた話にびっくり。なんと、その地方の支社では私の症状が変な伝わり方をしていて、「彼女は手遅れ」「抗がん剤でげっそり痩せてみる影もない」となっていたとか。勝手に殺すな。治療中の体重変化なんて、脱毛した髪の毛の分ぐらいだよ。

　あれから9年、私はまだ生きているし、元気だし、昇進もしたし……。すべてが笑い話になりました。

　病気に縁のない人にとって「がん」のインパクトは大きいです。いっぱい過剰反応を受けます。でも、それを覆せるのはサバイバー本人です。できることを普通にしてみせるだけでも周囲の反応は静まっていきます。誤解は放置しないことが肝心です。

（診断時30代　女性：乳がん　会社員）

先輩たちのハローワーク

自分自身と向き合うことで乗り越えていく！
～上司との関わりのなかで～

男性（皮膚がん）／28歳／マスコミ業
※性別（がんの種類）／診断時の年齢／職種

　2011年3月、がんの告知を受けてすぐに上司に病名を打ち明けました。もともとよく仕事の悩みを相談していた人だったので抵抗はなかったです。ただやはり同僚には知られたくなかったので「病名は伏せてほしい」とお願いしました。退院後、仕事量は落としつつも周囲からの目はあまり気にせずに仕事復帰できました。

　罹患から1年が経ったときのこと、突然、主治医から告げられたのは「複数箇所に転移の疑いあり」。仕事を休んでは頻繁に検査を受ける日々がはじまり、その度に担当科医師たちに曖昧な疑いの言葉を突きつけられるようになりました。死への恐怖や結果がはっきりしないことに精神的に追い詰められ、やがて出社できなくなりました。『救われたい』と、家族、親友、がん患者の仲間、精神科医など多くの人に苦しみを吐き出しましたが、答えは出ませんでした。

　そうしたなか、上司の送別会が開かれることに。『お世話になった上司の送別会には顔を出すべきだな』と思い、送別会が終わるころに顔を出しました。上司はすぐにかけ寄ってくれて、「まぁ、とりあえず会社に来るだけ来てみたら」と声をかけてくれました。その言葉を機に私は出社できるようになり、新人時代にやる仕事すらできなくなっている自分に落ち込みもしましたが、上司の計らいで基本中の基本の仕事から再開することになり一歩前に進めました。

　しかし、新たな不安が生じました。それは『このままだと仕事で同僚に取り残されていくのでは……』というもの。不安は日に日に大きくなるのに、転移の疑いがはれないなかで周囲と同じようには働けず、その矛盾に苦しみました。

　ある日、新たに出会った尊敬する上司と昼ごはんを食べているときに、ふとした会話のなかで彼もまた働くがん患者であることを知りました。少し嬉しかったです。やがてその上司が『私が肉体的には仕事ができる状態だ』と知ると、仕事で挑戦する機会を与え続けてくれました。求められる仕事の成果が周囲と変わらない環境が私にとっては居心地がよく、再び仕事に熱中していくなかでようやく周囲の目を気にせず自分自身と向き合えるようになっていきました。その後、転院先の病院で転移の疑いもはれ、気が付けば罹患前よりもできる仕事の幅が広がっていました。

　働くうえでがんという事実を乗り越えるのに3年かかりました。乗り越えて1年後のいまも仕事上の悩みを抱えています。ただ、がんになって気づくことができた『他人との比較ではなく、自分自身と向き合うことで乗り越えていく』というやり方に軸を置いて取り組んでいます。

　働くがん患者の人たちの取材を続けています。がん治療と仕事の両立の仕方は人それぞれですが、誰もがその両立に深く悩んだ経験があることを実感しています。そして、きっとその悩みは"両立に向けた第一歩なのだ"と、私は信じています。

3　具体的にお願いする・そして感謝する

　がんは多くの場合、「私傷病」です。会社の責任ではない、個人的な病気という位置づけです。ですから、客観的に言えば、あなたの病気や状況は、企業とは本来一切関係がないものです。そうしたなかで配慮や理解を得るためには、企業や上司にとっての利益を示さなくてはなりません。

　例えば、「私は3カ月に1度、通院して治療を受ける必要があり、その都度休まなければいけません。しかし、それ以外の日は通常通り働けます。毎日の仕事は引き続き頑張りますのでよろしくお願いいたします」「手術で腕がむくみやすくなっていて、重たい荷物を持つことができません。ですが、○○はできるので頑張ります」といったように。

　そして、配慮がかなえられたら、感謝の気持ちを「ありがとうございます」の言葉と態度で示してください。ポイントは、具体的な依頼と感謝です。

••• 「直談判」は最後の手段

　まったく理解が得られない上司、ウマが合わず自分の言い分を聞いてくれない上司も残念ながらいるかもしれません。そうしたとき、往々にして「この人に伝えてもはじまらない！」と、そのうえの上司に直接かけ合ってしまう人がいます。しかし、会社組織においてその行動は多くの場合NGです。しかるべき「手順と筋（すじ）」を通すことが企業では望まれています。「直談判」「ラインを越えての直接交渉」は、最後の手段と心得ましょう。

　もし、企業に人事部（人事課）や産業医といった部署や専門職がある場合には、そうした部署や専門職に相談することで道が開かれる場合もあります（⇒p125参照）。

••• 同僚、部下とのコミュニケーション

　同僚や部下にはどこまで伝えるかという点も、悩ましい問題です。考え方の起点になるのは「自分がどうしたら心地よく仕事ができるか」ということ。もしあなたが、「病気のことは上司にだけ最低限伝えて他の人には知られたくない！」と思うのであれば、それもOKですし、「一緒に働く人にも一定の理解が欲しい」と思うのであれば、信頼のおける人、仕事上のキーパーソンに自分が納得できる範囲で伝えていくこともよいでしょう。

　「みんなに伝えないと心苦しい、後ろめたい」と考えて、伝える・伝えないを悩む方も多いです。しかし、伝えることがかならずしも「正解」ではないこともあります。「がん」という病気に対して、いまだに無条件で「死」をイメージする方もなかにはいます。伝えることでかえって余計な気遣いや過剰な配慮につながってしまうこともあります。

　がんという大病を患ったのですから、心の揺らぎがあるのは当然です。周囲や病気をする前の自分と比べたり、会社に迷惑をかけたなどと自分を責める必要はまったくありません。「どうしたら自分が心地よく仕事ができるか」。常にこの視点に立ち戻って考えてみてください。

コラム

冷静に、焦らずに、いまできることを！

　がんの告知を受けたのは、36歳のとき。罹患したとき就いていた仕事は、新卒採用と教育研修部門の管理職でした。

　まず情報共有をしたのは、当時の上司でした。「私、がんだそうです」。私のなかで、それはイコール「私しばらく休むことになってしまうようです」という意味で、「大変な病気になってしまった」ということは、ほとんど考えていなかったように思います（たぶん、相手はそうとっていたと思いますが）。

　自分の部下にも同様に、「しばらく留守にする期間がある」ということ、その理由ががんの手術であることを伝えました。みんな心配してくれましたが、手術前なので、今後の治療スケジュールやいつフル復帰できるかなどもわかりません。冷静に、「確実なこと」「不確実なこと」を意識しながら、入院までに自分でしておかなければならないこと、上司やメンバーに任せることになりそうなことを、整理して片づけました。

　正直、無駄に可哀想な人と思われたくなかったので、がんのことを伝えるのは迷惑をかけてしまう最小限の範囲にとどめ、いまできることを粛々とこなすことで、みんなの少し引いている気持ちを取り戻そうと一生懸命でした。つらい期間でしたが、実績を積み上げていくのも自分しかいません。3カ月ぐらいはかかったでしょうか、焦らず仕事を続けることで、結果みんなの距離感が自然と縮まったときは本当に嬉しかったです。

（診断時30代　女性：乳がん　会社員）

> コラム

心のバランスをとろう！

　花材のメーカーで営業をしていた36歳のときに直腸がんを罹患。小さな会社で営業担当が社長と私だけだったため、すぐに相談をしました。早く伝えたおかげで、入院する前に人員補充そして引き継ぎもでき、憂いなく手術に臨めたのはありがたかったです。

　現在は、その会社から独立し、同じく花材のメーカーとして営業をしています。術後は経過観察だけでしたが、直腸と肛門の一部を切除したため、排便障害に悩まされることになりました。便を我慢できないため、最初はとにかく外出が怖かったです。

　職場の仲間をはじめ、既存の顧客には正直に病気のこと、また排便障害のため中座するかもしれないという話をしました。言いにくいことなのですが、商談中に「決壊」してしまっては大変なので予防措置も兼ねて。それに、逆に健康話になって商談が盛り上がったりすることもありました。

　それでも、新規顧客との商談中にトイレに駆け込むというような、いまだからこその笑い話は多々あります。ただ、悪く考えはじめるとキリがないので、ブログのネタができたなどと楽しむようにしています。

　信頼できる上司や同僚に正直に相談する。そして、後はめったにないことだからと楽観的に過ごす。この2つが、仕事をするときの心のバランスをとるうえでよかった点だと思っています。

（診断時30代　男性：直腸がん　会社員）

4 社内で活用できる部署・制度
（人事・産業保健スタッフなど）

　一定規模以上の企業の場合、人事部や人事課という部署が存在します。人事とは文字通り「ひと（＝人）ごと（＝事）」を扱っています。

　一般的に人事は、採用や社員の異動や配置転換、評価や処遇を決定したりするだけでなく、教育、研修、社員の給与計算、労務管理（福利厚生や社会保険の手続きなど）といった幅広い仕事を行ないます。また、中小企業の場合、人事という独立の部署が存在しない場合もあります。そのときは、総務部（総務課）といった部署がその役割を担っていることが多くなります。

　自分の部署での問題は、自分の部署内で解決すべきこと、と思いがちですが、かならずしもそうではありません。企業には、社員が安全に衛生的な場所で働くことを配慮する義務があります（＝安全（健康）配慮義務）。実際に配慮をしていくのは現場の部署の管理職ですが、人事は企業として安全配慮を行なう責任があります。ですので会社に配慮をお願いしたい場合、人事に相談するのも1つの方法です。

　また、事業場で50人以上の社員がいる場合、産業医を配置しなければならないことになっています。産業医は、職場で働く人が健康で快適な作業環境のもとで仕事が行なえるよう、専門的立場から指導・助言を行なう医師のことです。

　職場に産業医がいる場合（産業医はかならずしも「がん」にくわしいわけではありませんが）、産業医に相談することも解決に向けた1つの方法です。企業によっては、職場復帰や復職後のフォローアップに産業医が関与する場合もあり、産業医と風通しのよい関係をつくっていくことが、その後の自分の働きやすさの支えになるかもしれません。

　人事や産業医に相談する際は、利用に関する社内ルールを確認しましょう。

会社によってさまざまですので、その会社のルールに沿って利用します。上司を通じて利用するしくみの企業の場合は、「ちょっと持病のことを相談しに行きます」などと事前に上司に一言伝えるとよいかもしれません。上司を飛び越えて、いきなり人事や産業医に相談に行くと、上司によっては、自分が聞かされていないことにとても敏感になる人もおり、かえって事態がこじれることもあるので慎重に動きましょう。

派遣の人は

派遣で働く人の場合、安全配慮を行なう義務があるのは、基本的に派遣先ではなく、派遣元の会社です。したがって、働いている職場に産業医がいたとしても、かならずしも活用できるとは限りません。まずは、派遣元の会社に確認や相談するとともに、派遣先の「上司」にも相談するところからはじめるとよいでしょう。

企業によっては、社員用に休憩室や医務室がある場合があります。具合が悪いときなどに派遣社員が利用できるかどうかも、必要に応じて相談してみましょう。

会社はさまざま

日本の企業は、多種多様です。社内制度や企業の風土もさまざまです。職場を何よりわかっているのは働いてきたあなた自身です。自分の働きやすさを得るために、社内制度を一番効果的に活用するにはどうしたらよいか、考えてください。しかし、活用には、日頃からの人間関係やコミュニケーションが不可欠だということも忘れないようにしてください。

先輩たちのハローワーク

産業医という「第三者の目線」

女性（卵巣がん）／27歳／銀行（営業部）
※性別（がんの種類）／診断時の年齢／職種

　2011年9月、27歳で卵巣がんと診断された当時、私は銀行に勤め、企業に対して融資を行なう部署で営業職に就いていました。告知後、休職期間が長期に渡ることが想定されたため、上司に取り急ぎ一報しました。休職期間のあいだも、通院後、上司の時間が許せば面談し、それ以外はメールや電話にて連絡をするなど、定期的に病状を報告するようにしました。

　休職するにあたっては、未消化の有給休暇の取得、保存休暇、傷病休暇（勤続年数に応じて変化。私の場合は勤続5年未満だったため9カ月）を利用しましたが、これらのすべての休暇を消化した後は、健保の傷病手当を利用しました。

　治療を終え、2013年2月に復職することを決意しました。化学療法のせいで体力が落ちていたため、まずはリハビリ出社制度を利用してフルタイムで働くための準備をしました。リハビリ出社中は、会社から給料が支払わることはありません。11〜14時という短時間からスタートし、10〜14時、10〜15時、10〜16時とじょじょに勤務時間を延ばしていきました。3月、体力が思うように回復しなかったことから短時間勤務制度を利用したいと人事部に申し入れました。しかし「前例がない」と交渉は難航しました。会社の規定によると、この制度は育児や介護が理由で利用することが想定されており、病気を理由に利用することは想定されていなかったのです。体力がないことや倦怠感があること、短時間勤務を利用するのはけっして甘えからではないということを理解してもらうのはとても難しかったです。

　そこで、乳がんの専門医でもある産業医に相談し、化学療法が与える体への影響を人事部に説明していただきました。産業医という「第三者の目線」は、人事部に理解を得ていただく際にとても助かりました。私からは、長く働きたいという意思があること、リハビリ出社中は欠勤することなく働けていること、フルタイムで復帰するにあたり、もう1つ段階がほしいことなどを伝えました。

　上司は短時間勤務制度を利用することに理解があり、人事部に相談する前に話を聞いてもらいました。そして、主治医の診断書、それを受けての産業医からの意見書、人事部の部内稟議を経て、6月に短時間勤務制度を利用して正式復職。時限的な措置ということで、最後の化学療法から2年後を期限として認めてもらいました。そして2014年3月よりフルタイム勤務に戻りました。

　現在は、罹患時と同じ営業部で、企画の立案・推進、計数の管理業務を担当しています。体力がないため、外勤を外してもらう、身体の負担にならないよう、なるべく残業をしないような業務負荷を与えてもらうなどの配慮をしてもらっています。現在は経過観察中で3カ月に1度の通院ですので、その際には有給休暇を取得し、休暇取得前にはしっかりと引き継ぎをして、職場に迷惑をかけないようにしています。

あとがき
可能性は無限大

　私は「社会人マナー」や「ルール」をいつ、誰から教えられたのだろうか？ この本にある、メールの書き方や電話の取り方、工程管理やホウレンソウの大切さといった社会人の基本所作……いまでも100％ではないけれど、合格点は取れている気がします。

　入社してからの新人研修はありました。でも、それは会社内のルールであったり、プレゼンテーションのテクニックであったり、業務に関することです。文字にはない「マナー」や「ルール」は、アルバイト経験やレポート提出など、学生から社会人を経て、少しずつ身につけていったのかもしれません。

　この本を読んだとしても、何度も何度も面接には落ちるかもしれません。なかなか採用されないかもしれません。でも、あきらめないでください。落ちたこともすべてが経験です。私もがん罹患後に退職し、再就職するまでは何度も落ちています。「私は要らない人間なのかな」と考えたこともあります。でも、ふり返れば、挫折を経験したことで少しずつ社会人として成長していた気がします。

　書類選考や面接に落ちたのは、病気以外の原因があったのかもしれません。あなた自身の存在が否定されたわけではありません。すべての経験に無駄なことはありません。

　ある人がこんなことを言っていました。「仕事を続けるのは、仕事を辞めると自分と向き合わなくてはならないから。それが嫌だから仕事をしている」と。なるほどと思いました。いったん仕事を休めば、自分自身や病気のことと向き合う必要が出てきます。それはとてもしんどいことです。

　でも、自分に目を背けたまま歳を重ねるよりは、ときには歩く速さを変えたり、横や後ろを向きながらも進んでいくことが大切です。前向きでなくて

もOK。別の角度から見えてくる景色があるはずです。キャリアには、そんな経験が大切です。

　あなたの可能性は無限大。

　この原稿を書いている途中で、1人の仲間が旅立ちました。旦那さんを病で先にみとった彼女は愛猫と一緒に暮らしていました。できないことが増えてきたと、仕事をいつ辞めるか悩んでいました。みなさんに迷惑をかけているのではないかと。でも、周囲にいた人たちは、そんな彼女の仕事に対する責任感の強さ、根気、懸命さを目の前で見て、確実に感じ取っていました。彼女の生きる意志をや意欲を応援していました。

　彼女はその日の仕事を終え、夕方帰宅した後体調が急変し、翌朝空へ旅立ちました。すべての仕事を片づけて。私は、何人、こういう先達に出会ってきたことでしょう。

　この本は、そんな、社会で生きる姿を教えてくれた多くの仲間とともにあります。

　忙しい時間を割いて執筆に協力してくれた愛すべき仲間たち、そして、合同出版のじろさん、しもさん、Good Job！　そして、感謝です。

桜井なおみ
8月8日は∞月∞日
可能性は無限大！

> 特別寄稿

いまの自分を社会に活かそう！

国立研究開発法人 国立がん研究センターがん対策情報センター
がんサバイバーシップ支援研究部　　　　　　　高橋　都

　「がん経験者の方は、少なからずの人が、面接で自分のがんストーリーや苦労話を語ります。気持ちはわからないでもないけれど、会社が知りたいのは、その人のいま。何ができるのか、どんなふうに会社に貢献してくれるのか、そこが知りたいんです」（企業の採用担当者）

　この数年、がんを含めた病気を抱える人の働き方が、社会のなかで頻繁に語られるようになってきました。治療を受けながら働く人と職場の双方が納得できるかたちを見出せるよう、行政や企業、医療機関による取り組みも少しずつ進んでいます。

　病院でパジャマを着て治療を受けるとき、私たちは「患者」と呼ばれます。しかし、退院すれば1人の市民であり、働く場面では1人の労働者です。当たり前のことですが、私たちは社会のなかで生きています。

　本書には、罹患をきっかけにいったん職場を離れた後に再就職を目指す方、あるいは小児・AYA世代のがん経験者ではじめて就活に臨む方に知っておいてほしい社会常識や就活テクニックがたくさん紹介されています。病気という条件がなくても、とても参考になる内容です。

　でも、読み進めるうちに、これらのノウハウは就職活動の一部にしか過ぎないことがわかってくるのではないでしょうか。

　私はなぜ働くのか？　仕事は労働の対価としての報酬に加えて、私に何をもたらしてくれるのか？　多くの人が活動を通じてそんな問いに突き当たるでしょう。就職活動とは、自分という存在に改めて向き合い、自分らしさを

見つめ、社会のなかで自分を活かす道を見出すプロセスといえるかもしれません。一足先に就職活動に臨んだ"先輩"の体験談も、実に多くのメッセージを伝えてくれます。

　残念ながら、世のなかにはまだがんに対する偏見があります。しかし、がんに限らず、偏見や誤解は私たちの暮らしにつきものです。あなたの働く力をフェアに判断してもらうためには、冒頭の採用担当者がいうように自身の説明力やアピール力が不可欠です。そのうえで、がん経験があなたという人間にもたらした変化について、いま一度向き合う必要があるかもしれません。

　さまざまな困難を乗り越え新たな職場を得たとき、生き生きと働くあなたの姿によって、周囲の人びとはがんという病気のイメージをあらためるでしょう。それは、社会への最強の「がん教育」になります。そして、一緒に働くにつれ、職場の人たちはあなたががん経験者であることを特別視することはなくなっていくでしょう。

　これからの就職活動を通じて、多くの出会いと発見がありますように。社会のなかで自分を活かそうとするあなたに、こころからのエールをお送りします！

就職支援モデル事業実施ハローワーク一覧

労働局	実施ハローワーク	住所	問い合わせ先	連携拠点病院等
北海道	札幌東	〒062-8609 札幌市豊平区月寒東1条3丁目2-10	011-853-0101	独立行政法人国立病院機構 北海道がんセンター
宮城	仙台	〒983-0852 仙台市宮城野区榴岡4-2-3	022-299-8819	地方独立行政法人宮城県立病院機構　宮城県立がんセンター 国立大学法人　東北大学病院
埼玉	大宮	〒330-0852 さいたま市大宮区大成町1-525	048-667-8609	埼玉県立がんセンター
東京	飯田橋	〒112-8577 文京区後楽1-9-20	03-3812-8609	独立行政法人 国立がん研究センター中央病院 東京都立駒込病院
神奈川	横浜	〒231-0005 横浜市中区本町3-30	045-663-8609（内線1#）	横浜市立市民病院 地方独立行政法人神奈川県立病院機構　神奈川県立がんセンター
神奈川	相模原	〒252-0236 相模原市中央区富士見6-10-10 相模原地方合同庁舎1階	042-776-8609	北里大学病院
石川	金沢	〒920-8609 金沢市鳴和1-18-42	076-265-3032	国立大学法人 金沢大学付属病院
福井	福井	〒910-8509 福井市開発1-121-1	0776-52-8155	社会福祉法人恩賜財団 福井県済生会病院
静岡	沼津	〒410-0831 沼津市場町9-1	055-918-3713	静岡県立静岡がんセンター
愛知	名古屋東	〒465-8609 名古屋市名東区平和が丘1-2	052-774-1115	愛知県がんセンター中央病院
京都	京都西陣	〒602-8258 京都市上京区大宮通中立売下ル和水町439-1	075-451-8609（41#）	国立大学法人 京都大学医学部付属病院 京都府公立大学法人 京都府立医科大学病院
兵庫	明石	〒673-0891 明石市大明石町2-3-37	078-912-2305	兵庫県立がんセンター
広島	広島東	〒732-0051 広島市東区光が丘13-7	082-261-0176	国立大学法人　広島大学病院
愛媛	松山	〒791-8522 松山市六軒家町3-27	089-917-8618	独立行政法人国立病院機構 四国がんセンター
福岡	福岡中央	〒810-8609 福岡市中央区赤坂1-6-19	092-712-8609（部門コード41#）	独立行政法人国立病院機構 九州がんセンター
鹿児島	鹿児島	〒890-8555 鹿児島市下荒田1-43-28	099-250-6065	国立大学法人　鹿児島大学病院 社会医療法人博愛会　相良病院

2015年7月1日現在
http://www.mhlw.go.jp/stf/seisakunitsuite/bunya/0000065173.html

相談先一覧

●一般社団法人 CSR プロジェクト
就労セカンドオピニオン～電話で相談・ほっとコール～
がん治療にともなう就労や再就職に関する不安などを電話で相談できます。がんを体験した社会保険労務士、産業カウンセラー、キャリアカウンセラーなどが無料で電話相談に対応しています。申し込みはホームページ内専用フォームより受けつけています。
http://workingsurvivors.org/secondopinion.html

●ハローワーク求人ホットライン
ハローワークで公開・紹介している求人の内容が実際と違っていた場合に相談する窓口です。事実を確認のうえ、会社に対して是正指導を行ないます。また、最寄りのハローワークでも相談を受けつけています。
Tel 03-6858-8609（求職者・就業者専用）
　　受付時間　平日 8:30 ～ 17:15

●総合労働相談コーナー（行政機関の窓口）
労働基準監督署に併設されている公的な相談窓口です。労働条件、いじめ・嫌がらせ、募集・採用など、労働問題に関するあらゆる分野についての相談を専門の相談員が面談あるいは電話で受けています（ただし、採用に関する相談は受けつけていません）。
http://www.mhlw.go.jp/general/seido/chihou/kaiketu/soudan.html

●総合労働相談所（社会保険労務士）
全国 47 都道府県の社会保険労務士会は、解雇、賃金、セクハラ、人事、配置転換、労働契約などの相談窓口として、総合労働相談所を設置しています。
総合労働相談所・社労士会労働紛争解決センター
Tel 0570-064-794　※共通ダイヤルにかけると、最寄りの社労士会につながります。
http://www.shakaihokenroumushi.jp/general-person/soudan/index03.html

●公益財団法人がんの子どもを守る会
1968 年に小児がんで子どもを亡くした親によって設立されました。小児がん患児・家族が直面している悩みや不安を軽減するため、心理社会的・経済的支援をはじめとする総合的サポート事業を実施しています。
〒111-0053 東京都台東区浅草橋 1-3-12
Tel 03-5825-6311（代表）／ Fax 03-5825-6316
http://www.ccaj-found.or.jp/

2015 年 7 月 1 日現在

編者紹介

NPO 法人 HOPE プロジェクト

　NPO法人HOPEプロジェクトは、思いがけず、がんという病を患い、生きる意味を改めて見つめたサバイバーによって設立された。がんなどの難病をはじめ、どのようなハンディを負っていても、すべての人がそれぞれの人生を精一杯生き、自らが望むような形でまっとうすることに最高の意義を見出し、その実現に向けて支援していくことを目的とし、サバイバーシップの啓発を目標に、がん社会学を基礎にしたさまざまな発信を行なっている。
http://kibou.jp/

＊「サバイバー」とは、「がんと診断された日から生をまっとうするまで生きる人びとと、支えるすべての人びと」を意味する概念のこと。

一般社団法人 CSR プロジェクト
(Cancer Survivors Recruiting Project)

　がん経験者たちの就労問題を考えるプロジェクト。東京大学医療政策人材養成講座4期生の桜井なおみ班が中心となった調査研究『がん罹患と就労』をもとに、政策提言や課題解決に横断的に取り組んでいる。

　がんとともに歩む人びとが、「生きる意欲や個々の能力を十分に発揮できる協働・共生型社会の建設」を目指して、がんと就労・経済をテーマに、電話相談やサロン、養成講座などを行なっている。
http://workingsurvivors.org/

執筆者紹介

桜井なおみ（NPO法人HOPEプロジェクト代表、CSRプロジェクト代表理事）…第1章

近藤明美（CSRプロジェクト副代表理事、特定社会保険労務士、キャリアカウンセラー）…第2章・第3章

樋口明子（公益財団法人がんの子どもを守る会ソーシャルワーカー）…第4章

藤田久子（CSRプロジェクト理事、特定社会保険労務士、キャリアコンサルタント）…第5章

＊「先輩たちのハローワーク」執筆者の「職種」は、執筆時（2015年1月）のものです。

この書籍は「タケダ・ウェルビーイング・プログラム」の助成を受けて作成しています。

■本文レイアウト・装幀　椎原由美子（シー・オーツーデザイン）
■本文イラスト　アタフタグラフィックス
■本文組版　Shima.

がん経験者のための就活ブック
　サバイバーズ・ハローワーク

2015年8月8日　第1刷発行

編　　者　NPO法人HOPEプロジェクト＋
　　　　　一般社団法人CSRプロジェクト
発行者　　上野良治
発行所　　合同出版株式会社
　　　　　東京都千代田区神田神保町1-44
　　　　　郵便番号　101-0051
　　　　　電話 03（3294）3506／FAX03（3294）3509
　　　　　URL http：//www.godo-shuppan.co.jp/
　　　　　振替 00180-9-65422

印刷・製本　新灯印刷株式会社

■刊行図書リストを無料送呈いたします。
■落丁乱丁の際はお取り換えいたします。

本書を無断で複写・転訳載することは、法律で認められている場合を除き、著作権および出版社の権利の侵害になりますので、その場合にはあらかじめ小社あてに許諾を求めてください。
ISBN978-4-7726-1243-2　NDC366　210 × 148
© NPO法人HOPEプロジェクト＋一般社団法人CSRプロジェクト、2015